Abiturwissen

Gesundheit und Pflege

eine kompakte Zusammenfassung
der Eingangsstufe

1. Auflage | 2020

Eric Fischer

ISBN Print: 978-1721872565

Impressum:

Fritz-Frey-Str. 7, 69121 Heidelberg
e-Mail: sonntag.nikolai@gmail.com
Verlag: KDP, Independently published

Die Deutsche Nationalbibliothek verzeichnet diese Publikation in der Deutschen Nationalbibliographie; detaillierte bibliographische Daten sind im Internet unter http://dnb.ddb.de abrufbar

WIDMUNG

Dieses Buch richtet sich an alle Personen, die sich auf die Klausuren sowie die Abiturprüfung im Profilfach Gesundheit und Pflege vorbereiten und diejenigen, die sich medizinisch weiterbilden möchten.

Haftungsausschluss

Der Inhalt dieses Buches wurde sehr sorgfältig geprüft sowie erarbeitet und erfüllt einen hohen Qualitätsanspruch. Für die Vollständigkeit, Richtigkeit und Aktualität der Inhalte kann jedoch keine Garantie oder Gewähr übernommen werden. Der Inhalt dieses Buches repräsentiert die persönliche Erfahrung und Meinung des Autors und dient nur dem Unterhaltungszweck. Der Inhalt sollte nicht mit medizinischer Hilfe verwechselt werden. Es wird keine juristische Verantwortung oder Haftung für Schäden übernommen, die durch kontra-produktive Ausübung oder durch Fehler des Lesers entstehen. Es kann auch keine Garantie für Erfolg übernommen werden. Zusätzlich unterliegen die wissenschaftlichen Kenntnisse einem ständigen Wandel durch Forschung und Entwicklung in der Praxis. Daher übernehmen dieses Buch und Dritte keine Gewährleistung für die Vollständigkeit, Richtigkeit, Genauigkeit und Aktualität sämtlicher Inhalte in dieser Zusammenschrift. Dennoch wird versucht auf größte Sorgfalt zu achten, Informationen korrekt und in einer auch für Laien verständlichen Form darzustellen.

Dieses Buches enthält Links zu anderen Webseiten. Auf den Inhalt dieser Webseiten haben wir keinen Einfluss. Deshalb kann auf diesen Inhalt auch keine Gewähr übernommen werden. Für die Inhalte der verlinkten Seiten ist aber der jeweilige Anbieter oder Betreiber der Seiten verantwortlich. Rechtswidrige Inhalte konnten zum Zeitpunkt der Verlinkung nicht festgestellt werden. Die Haftung für mögliche Schäden, die aus der Nutzung der Internetangebote Dritter entstehen, ist ausgeschlossen.

Das Informationsangebot rund um die persönliche Gesundheit in diesem Buch dient ausschließlich Ihrer Information und ersetzt in keinem Fall eine persönliche Beratung oder Untersuchung. Daher können und dürfen die in diesem Ratgeber zur Verfügung gestellten Inhalte nicht zur Erstellung pauschaler Entscheidungen verwendet werden. Dieses Buch leistet keinerlei Beratung, Empfehlung oder Aufforderung im Hinblick auf den Kauf oder die Anwendung von bestimmter Sachgüter oder sonstigen Hilfsmitteln.

Inhalt

1. Einheit – Dimensionen von Gesundheit und Krankheit

1.1 Gesundheit und Gesundheitsmodelle

1.1.1 WHO-Definition von Gesundheit

World-Health-Organisation (WHO)
die WHO hat in ihrem Gründungsjahr 1946 im Rahmen der internationalen Koordination des öffentlichen Gesundheitswesens folgende Gesundheits-definition hervorgebracht:

„Gesundheit ist ein Zustand vollkommenen körperlichen, geistigen und sozialen Wohlbefindens und nicht die bloße Abwesenheit von Krankheit oder Gebrechen. Sich des bestmöglichen Gesundheitszustandes zu erfreuen, bildet eines der Grundrechte jedes menschlichen Wesens, ohne Unterschied der Rasse, der Religion , der politischen Anschauung und der wirtschaftlichen oder sozialen Stellung."

Aussagen
- die Definitionen von Gesundheit sind sehr individuell und persönlich
- der Begriff von Gesundheit als uneingeschränkte Arbeitsfähigkeit wurde abgelöst und um seelisch-geistige-soziale Faktoren erweitert, u.a. (…)
  - die Eingebundenheit in der Familie z.B. geliebt zu werden
  - Selbstvertrauen durch Anerkennung
  - Geborgenheit in Religion und Lebensnormen
  - in Freiheit zu entscheiden
  - Verbundenheit in sozialen Gefügen

Kritik an der WHO-Definition
- soziale Sicherheit
- medizinische Versorgung
- Hygiene
- minimaler Wohlstand
- sauberes Trinkwasser
- genügend Nahrung
- Wohnsituation

Zusammenfassung und Kritik
- Gesundheit wird als statischer (unveränderlichen) Zustand begriffen
- es fehlt das Bemühen um die eigene Gesundheit
- diese Auslegung ist für chronisch Kranke (z.B. Diabetiker) unrealistisch
- dieser Idealzustand wirkt unerreichbar
- die WHO vernachlässigt die Gesundheit als dynamischen Prozess
- Gesundheit wird als sehr subjektiv gesehen

1.1.2 Ottawa-Charta

Ottawa-Charta

- in der WHO-Konvention wird Gesundheit noch als **statischer Zustand** beschrieben, der irgendwann mal erreicht werden kann
- dieses Verständnis veränderte sich in den Folgejahrzehnten
- es wurde dem Einzelnen, der Gesellschaft sowie der Politik die **Möglichkeit** und **Verantwortung** zugeschrieben, für Gesundheit in der jetzigen Situation zu sorgen und dies **nicht nur** den **Fachleuten** zu überlassen:
  - nicht nur Fachleute, sondern jeder ist selbst für seine Gesundheit verantwortlich
    z.B. nicht rauchen, gesund ernähren, Zähne putzen, Sport
  - Menschen sollen befähigt werden, für die Stärkung ihrer Gesundheit selbst zu sorgen
    z.B. die Eltern sind Vorbild, Erziehung über Medien, im Schulunterricht
  - Gesundheit gehört zum Alltag eines jeden Menschen
    z.B. Arbeitsplatzgestaltung
  - Fokus soll auf vorhandene Ressourcen und Stärken gelenkt werden
    z.B. Schulobstprogramm, Betriebspsychologen, Duschen für Radfahrer

  → Gesundheitsförderung ist nicht nur eine Aufgabe des Gesundheitswesen (d.h. der Fachleute), sondern der gesamten Gesellschaft

Voraussetzung zur Gesundheitsforderung:

- eine unterstützende Umwelt
- Möglichkeit zur Informationsbeschaffung
- Entfaltungsspielraum für Gesundheitsförderung
- Ausstattung mit Entscheidungskompetenz

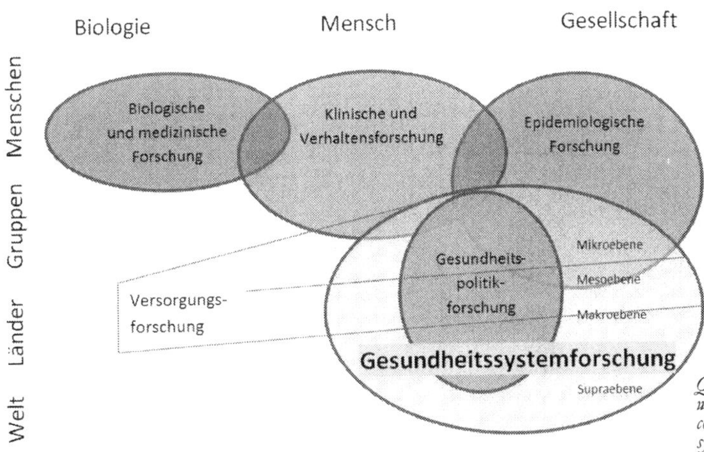

Quelle: https://upload.wikimedia.org/wikipedia/commons/4/4e/Gesundheitssystemforschung-6.jpg; unverändert

1.1.3 Dimensionen von Gesundheit

Einflussfaktoren	Beschreibung
physisch bzw. körperlich	Körperfunktionen sind intakt
psychisch bzw. geistig	Fähigkeit, klar und zusammenhängend zu denken → produktiv und aktiv Probleme bewältigen zu können
sozial	Fähigkeit, Beziehungen aufzubauen z.B. emotionale Defizite = Autismus Integration ins soziale Gefüge (Familie, Freunde, Beruf)
emotional	Fähigkeit, Gefühle zu erkennen, zuzuordnen und teilen zu können
gesellschaftlich	gesellschaftliche Umweltfaktoren z.B. Arbeitsklima, Luftverschmutzung, Krieg
seelisch	sich bei bestimmten Normen und Wertvorstellungen wohl zu fühlen und diese zu teilen sowie mit sich selbst im Reinen zu sein

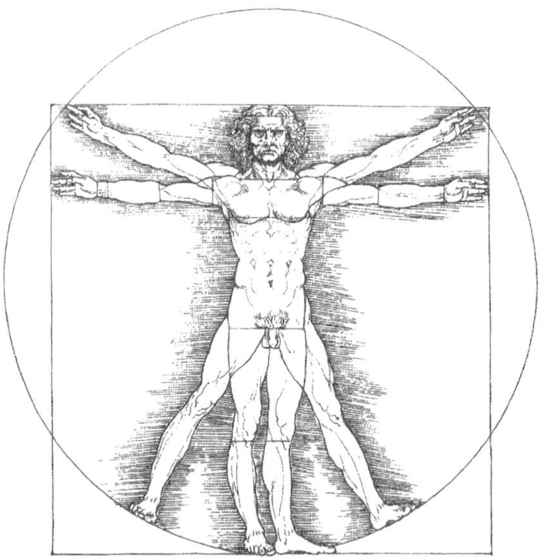

Quelle: https://upload.wikimedia.org/wikipedia/commons/1/11/Vitruvianischer_Mann.jpg; unverändert

1.1.4 Betrachtungsweisen von Krankheit

objektiv
durch festgelegte Werte definiert z.B. Laborwerte

subjektiv
Kranksein des Menschen trotz fehlender Diagnose d.h. im Glauben krank zu sein

Experten-Sichtweise
Bestimmung aus verschiedenen wissenschaftlichen Erkenntnissen

Laien-Sichtweise
individuelle Vorstellung vom normalen Menschen

monodisziplinäre Sichtweise
Bezug auf einzelne wissenschaftliche Disziplinen

multidisziplinäre Sichtweise
Bezug auf mehrere wissenschaftliche Disziplinen

pathogenetische Sichtweise (vgl. biomedizinisches Modell)

salutogenetische Sichtweise (vgl. biopsychosoziales Modell)

a) akute Krankheit:
- Krankheit, die im Moment stark zum Ausbruch kommt
- die Dauer ist begrenzt
- z.B. Masern, Windpocken, Knochenbruch

b) chronische Krankheit:
- Krankheit, die unbegrenzt stattfindet
- taucht immer wieder auf
- z.B. Migräne, Rheuma, Herzinsuffizienz

1.1.5 biomedizinisches Modell

das biomedizinische Modell beschreibt Gesundheit als einen Zustand, der kaum zu erreichen ist. Es fragt danach, was krank macht, dabei liegt der Fokus auf der Entstehung von Krankheiten. Zudem kennt es nur die beiden Pole Gesundheit und Krankheit, aber keine Übergänge zwischen den beiden Extremen (= Dichotomie)

Dichotomie

Krankheit <————————————————> Gesundheit

- hat erkennbare Symptome
- hat einen definierten Verlauf der Krankheit (Pathogenese)
- hat eine eindeutige Ursache
- hat eine spezifische Therapie (mindert Symptome, beseitigt Ursache)
- symptom. Behandlung ohne Ursachenbekämpfung kann zum Tod führen

Diagnostik und Therapien obliegen in diesem Modell dem medizinischen Fachpersonal, dessen Anweisungen der Kranke befolgt. Der Patient leistet keinen eigenen Beitrag zu seiner Gesundheitserhaltung

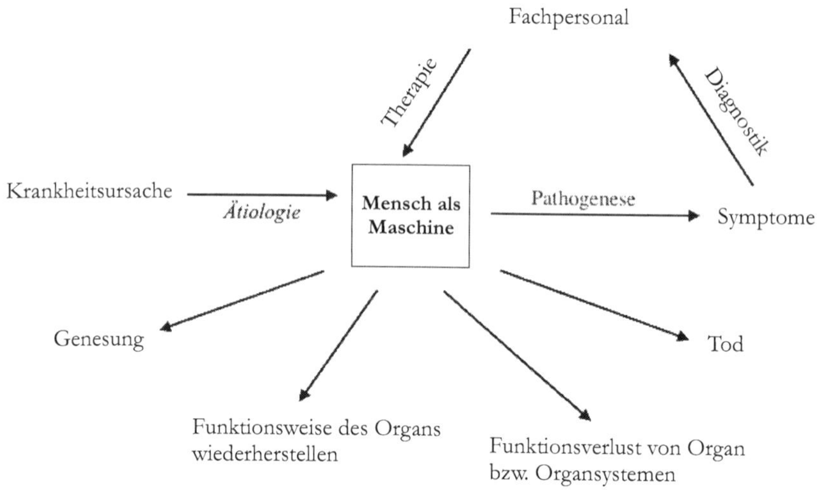

Kritik am biomedizinischen Modell:

- das Modell ist defizitorientiert
- die Krankheitsursache ist monokausal (psychische und soziale Ursachen werden nicht inbegriffen)
- Neigung für mehr Medikation
- Prävention taucht im Modell nicht auf; sie knüpft nur daran an
- der Patient trägt keine Eigenverantwortung
- das Fachpersonal ist für die Gesundheit des Patienten allein zuständig

1.1.6 salutogenetisches Modell

Salutogenese nach Aaron Antonovsky, 1970
Das salutogenetisches Modell fragt danach, was gesund macht. Wie der Name saluto (Gesundheit) genese (Entstehung) bereits aussagt, stehen die Entstehung und der Erhalt von Gesundheit im Fokus

Antonovsky beantwortet mit seinem Modell folgende Fragen:

1. Warum bleiben manche Menschen trotz hoher Belastungen gesund ?
2. Wie erholen sie sich von ihren Erkrankungen ?
3. Was ist das Besondere an diesen Menschen ?

Kontinuum

Krankheit <————————————————————> Gesundheit

- nicht nur Risikofaktoren, auch die Lebensgeschichte einer Person ist an der Entstehung von Krankheit beteiligt
- Krankheiten gehören zum Leben
- Gesundheit ist damit ein labiler Zustand
- bestimmte Faktoren verschieben die Position des Betroffenen auf dem Gesundheits-Krankheit-Kontinuum
- auch der persönliche Umgang mit Stressoren bestimmt die Position, aus dem Gesundheits-Krankheits-Kontinuum

die 4 Grundpfeiler charakterisieren die Salutogenese:

1. das Gesundheits-Krankheit Kontinuum:
   jeder Mensch befindet sich irgendwo zwischen gesund und krank

2. das Kohärenz-Gefühl:
   es spiegelt die Grundhaltung wieder, mit der ein Mensch seine Welt betrachtet und wie stimmig er sich darin bewegt

   es gliedert sich in die der Faktoren:
   - Verstehbarkeit (Defizit und Schwächen)
   - Handhabbarkeit (Fähigkeit zur Problemlösung)
   - Bedeutsamkeit (Sinn/Zwecks fürs Lebens)

     → ein starkes Kohärenz-Gefühl entsteht i.d.R. mit **zunehmender Lebenserfahrung**

3. Stressoren:
   physikalische, biochemische und psychosoziale Faktoren, die den Organismus aus dem Gleichgewicht bringen. Wie eine Person mit Stressoren umgeht, bestimmt ihre Position auf dem Gesundheits-Krankheits-Kontinuum

4. generalisierte Widerstandsressourcen:
   bewältigen Spannungszustände und helfen Stresssituationen zu vermeiden. Generalisiert bedeutet in jeder Situation wirksam

Quelle: https://upload.wikimedia.org/wikipedia/commons/3/3a/Dreieck_der_Salutogenese.png; unverändert

1.1.7 biopsychosoziales Modell

Das Anforderungs-Ressourcen- bzw. biopsychosoziales Modell:

- Antonovsky beschäftigte sich v.a. mit den **äußeren Anforderungen**
- P. Becker erweiterte es um Einbeziehung von **inneren Anforderungen**
- darunter versteht Becker Zielgrößen, die sich jemand selbst auferlegt, etwa individuelle Bedürfnisse und persönliche Grundhaltungen
- die **Bewältigung** von externen und internen Anforderungen bestimmt die Position des Einzelnen auf dem Gesundheits-Krankheits-Kontinuum

Atome ← Moleküle ← Organellen ← Zellen ← Gewebe

← Organe ← **MENSCH** → Beziehung →

Familie → Kultur → Nation → Biosphäre

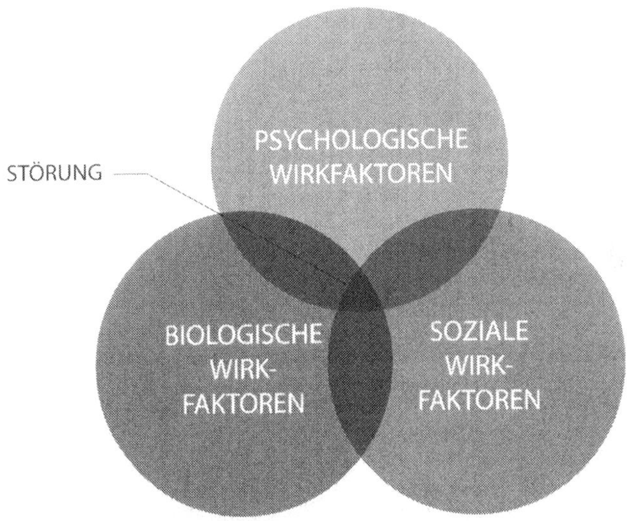

Quelle: http://wiki.kb-sa.de/images/1/13/Biopsychosoziales_Modell.png; unverändert

1.1.8 Vergleich der Gesundheitsmodelle

	salutogenetisches Modell	biomedizinisches Modell	Anforderungs-Ressourcen Modell
Merkmale	• Gesundheit ist Folge eines hohen Kohärenzgefühls • Fokus liegt auf Salutogenese, nicht Pathogenese	• Gesundheit als Zustand; kaum zu erreichen • kein Übergang zwischen Krankheit und Gesundheit • Krankheit hat bestimmte Ursachen	• Gesundheit ist die Folge effektiver Nutzung von Ressourcen, sowie einer Minimierung von Anforderungen
Gesundheits-Krankheits-begriff	kontinuierlich gesund ↔ krank (fließender Übergang)	Dichotomie (Entweder-Oder) gesund bzw. krank	Gesundheits-Krankheit Kontinuum
Erklärt unvollständig	• schwammige Erklärung • körperliche Gesundheit lässt sich schwerer beschreiben	• Eigeninitiative zur Gesunderhaltung fehlt • psychische und soziale Ursachen können nicht erklärt werden	(s. salutog. Modell)

1.2 Einflussfaktoren auf die Gesundheit

Einflussfaktoren auf die Gesundheit

chemisch:
Säuren, Laugen, Gifte, etc.
z.B. Verätzung, Vergiftung, Krebs

psychisch:
Stress, traumatische Erlebnisse, etc.
z.B. psychosomatische Krankheiten, Depressionen

genetisch:
Vererbung
z.B. Bluterkrankheit, Down-Syndrom

biologisch:
Bakterien, Viren, Pilze, etc.
z.B. Infektionskrankheiten

physikalisch:
Kälte, Hitze, Strahlen, etc.
z.B. Erfrierung, Verbrennung, Hautkrebs

sozial:
Arbeitslosigkeit, Einsamkeit, etc.
z.B. psychosomatische Krankheiten, Depressionen

Anfälligkeit:
Disposition
z.B. Allergien, Herzinfarkte, Osteoporose

1.3 Begriffsdefinition im Diagnose- und Behandlungsprozess

1.3.1 Interventionsebenen

Intervention	Eingriff, z.B. chirurgische Intervention
Gesundheits-förderung	Anstreben von Gesundheit bzw. gesunden Anteile
Prävention	Vorbeugung bei mit Krankheitsrisiken belasteten Menschen
Kuration	Heilungsprozess erkrankter Menschen
Rehabilitation	Eingliederung und Verarbeitung eines mit Erkrankungsfolgen belasteten Menschen
Palliativmedizin	Begleitung eines sterbenden Menschen

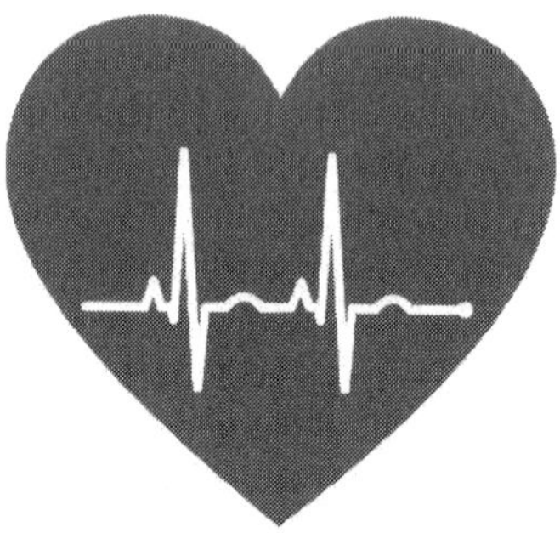

1.3.2 Behandlung und Diagnose

Anamnese	Krankenvorgeschichte (z.B. soziale Anamnese)
Diagnose	gesundheitliche Gefährdungen, Störungen erkennen, benennen und einordnen
Pathogenese	Lehre der Krankheitsentwicklung
Therapie	Behandlung, um Prognose zu verbessern: a.) Indikation (= Behandlungsnotwendigkeit) b.) Kontraindikation (gegen Behandlung), c.) ärztlich, pflegerisch, logopädisch d.) Aufklärungspflicht des Arztes zur Entscheidung des Patienten für/gegen eine Behandlung
Komplikation	während Krankheitsverlaufes auftretende Beschwerden
Ätiologie	Lehre der Krankheitsursachen
idiopatisch	unerklärlich, ohne belegbaren Grund, z.B. idiopathische Ursache
iatrogen	Erscheinungen durch die medizinische Behandlung z.B. Nebenwirkung durch Medikamente
Prognose	Vorhersage des wahrscheinlichen Krankheitsverlaufs
Symptome	Krankheitszeichen
körperliche Untersuchung	Inspektion, Palpation (Anfassen), Perkussion (Abklopfen), Auskultation (Abhören)
weitere Untersuchungen	Labordiagnostik (z.B. Blutbild), bildgebende Verfahren (Röntgen, CT), invasive Techniken (Katheterangio)
Coping	Bewältigungsstrategien zum Umgang mit Krisen und Erkrankungen
Adhärenz	konsequentes Einhalten und Befolgen von ärztlichen Abmachungen (z.B. Medikamente)
Compliance	Therapietreue

1.4 Prävention

Prävention entstammt dem Lateinischen von „praevenie“, was „zuvor kommen“ bedeutet. Prävention bezeichnet damit im weiteren Sinne alle Maßnahmen, die dazu beitragen, dass eine unerwünschte Entwicklung vermieden wird. Krankheiten haben bestimmte Ursachen. Risikofaktoren können diese verstärken. Vermeidung von Risikofaktoren = Prävention

Krankheits-prävention bezeichnet alle Maßnahmen, um Krankheiten zu vermeiden bzw. Auswirkungen zu bekämpfen

Voraussetzung bezeichnet die Kenntnis von Entstehungen und Verlauf einer Krankheit (Pathogenese)

Ziel

1. rechtzeitige Aufdeckung gesundheitlicher Risiken und Probleme
2. durch geeignete präventive Ansätze die Entstehung von Krankheit zu verhindern oder zumindest deren Vorschreiten und ihre Folge abzuschwächen

1.4.1 nach Zeitpunkt

primäre Prävention:

- das **Vermeiden** von Krankheit oder Behinderung, ehe die Krankheit oder die schädlichen Faktoren entstehen können
- z.B. durch Schutzimpfungen, Aufklärung über schädliche Folgen des Rauchens, Zahngesundheitserziehung

sekundäre Prävention:

- dient der **Krankheitsfrüherkennung,** um eine bereits entstandene Krankheit möglichst früh zu erkennen und dadurch umfassend behandeln zu können
- z.B. Krebsfrüherkennungsuntersuchung (screening), Herz-Kreislauf Check-ups, zahnärztliche Vorsorgeuntersuchung

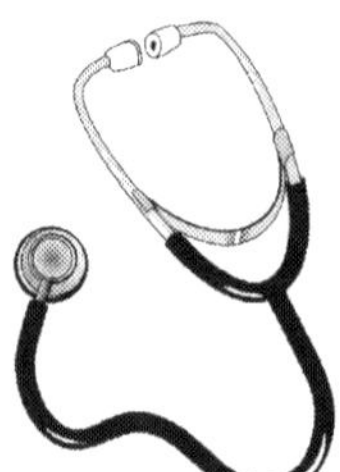

tertiäre Prävention:

- umfasst **Maßnahmen**, die bei einer bereits eingetretenen Krankheit eingeleitet werden, um eine Verschlimmerung, ein Fortschreiten oder Folgekrankheit zu verhindern
- z.B. Abgabe von sauberen Spritzen an Süchtige, um eine Ansteckung mit HIV und Hepatitis-Viren zu verhindern
- z.B. die Fußpflege von Diabetikern

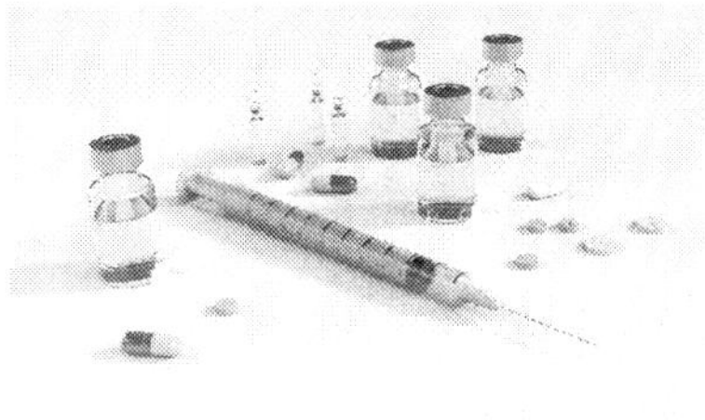

1.4.2 nach Zielgruppe

Einteilung der Prävention nach	Erläuterung, Beispiel
Zielgruppen a) universelle Prävention b) selektive Prävention c) indizierte Prävention	a) **unspezifisch**, ursachenorientiert, an ges. Bevölkerung b) **spezifisch**, Gruppen mit Risiko, eine Krankheit zu entwickeln (Raucher) c) **spezifisch**, bereits erkrankte Personen (Ausschreiten verhindern)
Intervention a) medizinische Maßnahmen b) Verhaltensprävention c) Verhältnisprävention	a) z.B. Schutzimpfung b) Verhaltensänderung (z.B. Rauchen beenden) c) gesetzliche Vorgaben (z.B. Geschwindigkeitskontrollen)
Zeitpunkt a) Drogenabbau b) Stressabbau	a) verschiedene präventive Ansätze bei unterschiedlichen Altersgruppen, frühzeitiges Aufklären über Folgen des Drogenkonsum b) bei Jugendlichen (Peer-Education), Kinder (Grundschule)

1.4.3 Abgrenzung zur Gesundheitsförderung

Gemeinsamkeit Ziel: Verbesserung der Gesundheit

1.) Prävention

- Ansatz:
  - **Vermeidung** von Krankheit
  - dies soll erreicht werden, in dem Menschen über Risikofaktoren bzw. Ursachen bestimmter Krankheiten aufgeklärt und danach zu einer Verhaltensveränderung motiviert werden

    → Was macht den Menschen krank ?

- Grundlage: pathogenetisches Verständnis von Gesundheit

2.) Gesundheitsförderung

- Ansatz:
  - Stärkung von Schutzfaktoren (Ressourcen) zur Bewältigung von Belastungen
  - dies soll erreicht werden, in dem Menschen befähigt werden, Verantwortung für sich im Alltag wahrzunehmen

    → Was erhält den Menschen gesund ?

- Grundlage: salutogenetisches Verständnis von Gesundheit

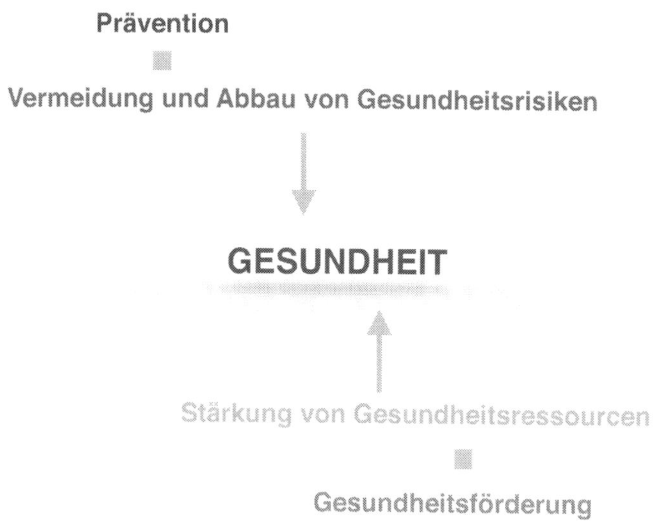

1.4.4 Gesundheitserziehung

Motivation nach Bandura

- es motivieren bestimmte **Erwartungshaltungen** einen Menschen, ein bestimmtes Verhalten zu zeigen

- Ergebniserwartungen:
  Konsequenzen, die sich eine Person vom Nachahmen einer Verhaltensweise verspricht

- Kompetenzerwartung:
  subjektive Einschätzung eigener Fähigkeiten, die zum Nachahmen eines Verhaltens benötigt wird

- Aussicht auf Selbstbekräftigung:
  - Beurteilung des eigenen Verhaltens durch subjektive Kriterien
  - Erwartung einer günstigen Selbstbewertung bei Zeigen eines nachzuahmenden Verhaltens, die zu Zufriedenheit, Wohlbefinden und Selbstbelohnung führt

- Selbstregulierung:
  Fähigkeit von Menschen, sich selbst zu motivieren, sich bestimmte Ziele zu setzen, Strategien zu entwerfen sowie das fortlaufende Verhalten zu bewerten und entsprechend zu ändern

1.4.5 Resilienz

Resilienz

- vom lateinischen resilire – zurückspringen, abprallen
  = psychische Widerstandsfähigkeit

- Fähigkeit, auf Krisen flexibel und angemessen zu reagieren, um diese zu bewältigen

- Mittel: Rückgriff auf persönliche und sozial vermittelte Ressourcen

- Teilbereiche
  - Salutogenese (Entstehung von Gesundheit)
  - Hardings (Widerstandsfähigkeit)
  - Bewältigungsstrategie (Coping)
  - Autopoiesis (Selbsterhaltung)

- Gegenteil = Vulnerabilität (Verwundbarkeit)

- Resilienz ist erlernbar
  → resiliente Personen haben erlernt, dass sie es sind, die über ihr eigenes Schicksal bestimmen (= Kontrollüberzeugung)

- Schutzfaktoren bzw. Ressourcen:
  - Hoffnung
  - Glaube
  - Einsicht
  - Entschlossenheit
  - Eigenantrieb
  - Beziehungsfähigkeit
  - Familie und Privatleben
  - Humor
  - Kultur

- Förderung der Resilienz durch:
  - Selbstwertgefühl
  - Eigenwillen
  - Gefühlsbewusstsein
  - Gesprächsbereitschaft
  - Selbstständigkeit
  - Konfliktfähigkeit
  - Kreativität
  - Eigenverantwortung

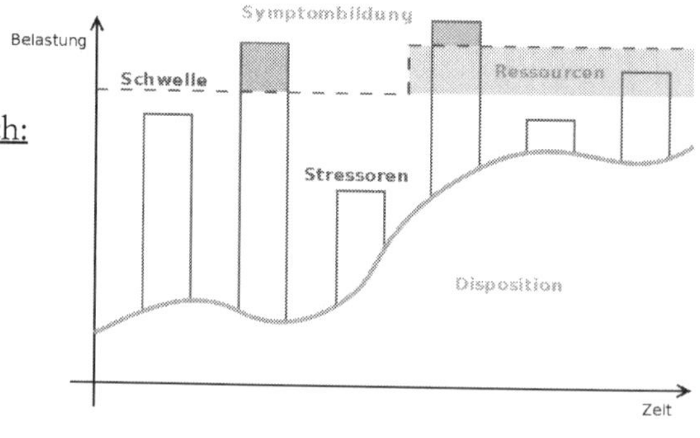

Quelle: https://upload.wikimedia.org/wikipedia/commons/d/da/Diathese-stress-modell.svg; unverändert

1.5 Therapie

1.5.1 Therapieformen

Einteilung	Therapieform	Merkmal	Beispiel
1. nach dem Behandlungsziel	kurative Therapie	Ziel: Heilung	• Operation, nachfolgende Bestrahlung und Hormonbehandlung bei Brustkrebs
	palliative Therapie	Ziel: Krankheitslinderung	• Schmerztherapie bei weit fortgeschrittenem Krebsleiden
2. nach dem Behandlungsansatz	kausale Therapie	Beseitigung der Krankheitsursache	• Nierensteinentfernung
	symptomatische Therapie	Linderung von Krankheitszeichen	• Schmerzbehandlung bei Nierensteinkolik
3. Invasivität Stärke des Eindringens in den Körpers bzw. Verletzung von Körpergewebe	konservative (nicht invasive, nichteingreifend) Therapie	Behandlung ohne größeres Eindringen in den Körper	• Medikamentengabe bei Herzschwäche oder koronarer Herzkrankheit
	invasiv (eingreifend) minimal-invasive Therapie	etwas eingreifend bzw. gewebeverletzend z.B. endoskopische Behandlungen, Behandlungen mit Kathetern	• Ballonaufdehnung des verengten Gefäßes bei koronarer Herzkrankheit
	invasiv: operativ (chirurgisch) Therapie	stark eingreifend bzw. gewebeverletzend	• offene Bypass-Operation bei koronarer Herzkrankheit

Einteilung	Therapieform	Merkmal	Beispiel
4. nach den eingesetzten Mitteln	medikamentöse Therapie	mit Arzneimitteln	• Tabletten • Salben
	operative Therapie	durch Operationen	Entfernung der Gaumenmandeln bei chronischer Entzündung nach Abszess
	Strahlentherapie	mit energiereichen Strahlen	Bestrahlung eines bösartigen Tumors
	physikalische Therapie	Behandlung mit Wärme bzw. Kälte, Bewegung, Reizstrom	Wärme, Physiotherapie bei Bandscheibenvorwölbung
	psychologische Therapie	Behandlung mit Mitteln der Kommunikation, um Gedanken und Gefühle des Patienten zu verändern	Gesprächspsychotherapie bei Konflikten, die der Patient alleine nicht lösen kann. z.B. Verhaltenstherapie bei übermäßiger Angst vor Spinnen

1.5.2 Therapieansatz: kausal vs. symptomatisch

verschiedener Behandlungsansatz

kausale Therapie	symptomatische Therapie
• Beseitigung der Krankheitsursache • z.B. Nierenstein- oder Gallenstein-Entfernung	• Linderung von Krankheitszeichen • z.B. Schmerzbehandlung bei Nierensteinkolik

1.6 Rehabilitation

1.6.1 Ziele

Aufgabe

Wiederherstellung der psychischen und/oder physischen Fähigkeiten im Anschluss an eine Erkrankung, ein Trauma oder einer OP

Ziele der Rehabilitation:

a) Vermeidung / Vorbeugung drohender Behinderung
b) Erhalt / Verbesserung der Erwerbsfähigkeit
c) Vermeiden von Pflegebedürftigkeit
d) Abwendung einer Verschlimmerung der Gesundheitszustandes bei chronischen Erkrankungen
e) Verbesserung der Teilhabe am Leben in der Gemeinschaft (= Einfügen in das soziale Gefüge)

Sekundärziel

Wiedereingliederung in das Sozial- und Arbeitsleben

Rehabilitation

rehabilitare lat. ≙ wiederherstellen.
der betroffene Mensch soll durch Rehabilitation in die Lage versetzt werden, seinen Platz in der Gesellschaft möglichst unbeeinträchtigt wahrzunehmen (Reintegration in Gesellschaft)

Zusammenhang zwischen Rehabilitation und Tertiärprävention

- Übergang oft fließend (vorwiegend bei chronischen Erkrankungen)
- Fortschreiten der Erkrankungsfolgen verhindern
- Vorbeugung einer Verschlimmerung

präventive Rehabilitation:

- rehabilitative Konzepte, die zur Prävention (Entstehungsvermeidung oder Verschlimmerung einer Erkrankung) dienen
- Prävention und Rehabilitation ergänzen sich hierbei sinnvoll

1.6.2 Kategorien und Bedeutung

Rehabilitationskategorien

a.) Restitution (engl. wiederherstellen):
Wiederherstellen der beeinträchtigten Funktion (Organfunktion)
Beispiel: Wiedererlangen der Kraft bei Lähmung

b.) Kompensation (engl. ausgleichen):
- wenn vollständige Wiederherstellung nicht gewährleistet werden kann
- Schädigung zu kompensieren
- durch eine andere Funktion ersetzen
- Beispiel: bei Lähmung im rechten Arm
  → Benutzung des linken Arms

c.) Adaption (engl. anpassen):
- Wenn Restitution und Kompensation fehlschlagen
- Beispiel: Erlernen der Brailleschrift für Blinden
  Mensch mit Rückenmarksverletzung
  → Bewegung im Rollstuhl

ökonomische Bedeutung (Dimension der Rehabilitation)
- Vermeidung von Pflegebedürftigen
- Selbsthilfefähigkeit steigern, sodass Pflegebedürftigkeit sinkt
  → Kosten einsparen

Vermeidung von Erwerbsunfähigkeit
- Vermeiden von Rentenzahlung
- Erwerbsfähigkeit wieder erlangen

Geschichte der Rehabilitation

Epoche	Beispiel
frühe Menschheits-Geschichte	• Menschen, die körperliche Beeinträchtigungen hatten, wurden gepflegt und unterstützt (Steinzeit) • Darstellung von Menschen mit Behinderung (Ägypten)
Antike	• Textdokumente mit Einblick über Umgang mit Behinderungen • Tötung von missgebildeten Kindern (Griechenland) • Recht auf Tötung von Verkrüppelten (Sparta)
Mittelalter	• Nächstenliebe gegenüber Behinderten → Behinderte als Bettler von Almosen • Stiftungen für Behinderte durch Reiche, um Seeheil zu retten • Unterkunft und Nahrung von Klöstern gewährleistet und in behindertengerechten Tätigkeiten eingewiesen • trotzdem gesellschaftliches Misstrauen (Behinderung als Strafe Gottes)
17. bis 18. Jahrhundert (Industrialisierung)	• zunehmende Verelendung gegenüber Behinderten, da keine Teilnahme am Arbeitsleben möglich war • schwache staatliche Ausprägung auf Unterhalt und Arbeitsbeschaffung
Aufklärung	<u>durch Wiesenzuwachs und körperliche Untersuchungen:</u> • Blindenschrift • erstmalige Ausprägung von Begriff „Rehabilitation" und „System der gesamten Altenpflege"
19. Jahrhundert	• staatliche Sozialversicherung unter Bismarck (Preußen) • erstmalige Sozialleistung in Form einer Unfallversicherung und Invalidätsrenten
20. Jahrhundert	<u>während 1. Weltkrieg:</u> • große Zahl an Kriegsversehrten mit Behinderungen • Notwendigkeit der Integration Behinderter • Krüppelfürsorgegesetz (1920) → Unterstützung beruflicher Eingliederung <u>3. Reich</u>: • menschenverachtend gegenüber Behinderten (Zwangssterilisation, Tötungen) <u>BRD</u>: • Sozialgesetzbücher • Schutz vor existenzieller Bedrohung
21. Jahrhundert	• Kureinrichtungen als Rehabilitationseinrichtungen • Rehabilitationsrecht im 9. Sozial-Gesetzbuch (2001) • Rehabilitationsmaßnahmen streng definierte Voraussetzungen und Zielsetzungen

1.6.3 Einteilung

Formen der Rehabilitation			
	medizinische	**berufliche**	**soziale**
Aufgabe bzw. Ziel	• Folgen einer Erkrankung beseitigen • psychische, physische und soziale Leistungsunfähigkeit beseitigen und beschwichtigen • nach der Therapie: Unabhängig von anderen Leben (= *selbstständiges Leben*) **Merksatz:** „Reha vor Pflege“	• Wiedereingliederung erwerbsfähiger Menschen ins Arbeitsleben • frühzeitige Rente durch Reha vermeiden • Förderung der teilbehinderten Menschen im Arbeitsleben **Merksatz:** „Reha vor Rente“	• Teilhabe in der Gemeinschaft, sich in die Lage versetzen zu können, sich sozialkompetent zu verhalten • Hilfsmittel einsetzen • Berufsausbildung • unbeeinträchtigter Umgang mit Menschen
Zeitpunkt	**Anschlussbehandlung** (AHB): • Rehabilitationsbehandlung, die sich nach einen akutstationären Aufenthalt ergibt (*zwischen Entlassung aus KH und Beginn der AHB nach 20 Tagen*)	• Erwerbsfähigkeit bei Menschen wiederherstellen, die nicht kurz vor der Rente stehen	• kann stets passieren

Formen der Rehabilitation			
	medizinische	**berufliche**	**soziale**
Ort der Reha	**stationäre Rehabilitation:** • Rehabilitationsbehandlung in allgemeinen KH und Fachkliniken und bei berufsgenossenschaftlichen Kliniken (BG Unfallkliniken) • teilstationäre Rehabilitation: in Tags- und Nachtkliniken **ambulante Rehabilitation:** • Rehabilitationsbehandlung z.B. durch niedergelassene Ärzte, Angehörige des Gesundheitswesens (*z.B. Psychotherapeut*)	• Berufsbildungswerke und Berufsförderungswerke • Unterstützung bei Berufsausbildung (*z.B. Schule, Betriebe, Stiftungen*)	• überall • in Psychiatrien • Lindenschulen

1.6.4 gesetzliche Grundlagen

Gewährung einer Rehabilitationsmaßnahme
- Überprüfung der persönlichen Voraussetzungen der Antragsteller
- Grundlage sind die gesetzlichen Bestimmungen

Es liegt eine Rehabilitationsmaßnahme vor (...)
- wenn gesundheitliche Beeinträchtigungen vorliegen
- z.B alltagsrelevante Beeinträchtigung der Selbsthilfefähigkeiten, beeinträchtige oder bedrohte Erwerbsfähigkeit oder Teilhabe am Leben in der Gesellschaft

Ab wann liegt eine Rehabilitationsfähigkeit vor ?
- Ist der Mensch ausreichend belastbar für die rehabilitative Maßnahme ?
- Stimmt er der Maßnahme zu ?

Liegt eine positive Reha-Prognose vor ?

- Prognose: wahrscheinlicher Eintritt
- Ist eine Verbesserung der Beeinträchtigung und des Funktionszustandes nach der Maßnahme wahrscheinlich bzw. zu erwarten ?

Wer bezahlt die Rehabilitationsmaßnahmen ?

- Träger von Rehabilitationsleistungen = Kostenträger
- wichtigste Kostenträger:
  1. Träger der gesetzlichen Krankenkassen (geriatrische Reha)
  2. Rentenversicherung (medizinische Reha)
  3. Träger der gesetzlichen Unfallversicherung (Reha nach Unfall in BG)

- die Rehabilitationsziele hängen von dem gesetzlichen Versorgungsauftrag der Kostenträger ab
- für die gesetzliche Kranken- und Pflegeversicherung stehen die geriatrische Rehabilitation und damit die Abwendung der Pflegebedürftigkeit im Vordergrund
- während die gesetzliche Rentenversicherung vorrangig auf die Verbesserung oder die Wiederherstellung der Erwerbsfähigkeit abzielt: **„Reha vor Rente“**

		Zuständiger Kostenträger
Liegt eine tatsächliche oder drohende Behinderung vor ?	→ nein →	keine Indikation für Rehabilitation
↓ ja		
Folgen eines Arbeits- bzw. Wegeunfalls, Berufskrankheit ?	→ ja →	gesetzliche Unfallversicherung
↓ nein		
positive Erwerbsprognose ?	→ ja →	gesetzliche Rentenversicherung
↓ nein		
Selbsthilfefähigkeit bedroht oder Beeinträchtigung	→ ja →	gesetzliche Krankenversicherung

1.7 Pflege

1.7.1 Selbstpflege

Merkmale
- Pflegeempfänger und Pflegender sind dieselbe Person
- umfasst alle Aktivitäten des Lebens, um ein gesundes und wertvolles Leben führen zu können
- Bedarf ist abhängig von individuellen Bedürfnissen, Umgebung und dessen Ressourcen
- Ziel: Gesundheit und Wohlbefinden zu erreichen, erhalten und wiederherzustellen

1.7.2 informelle Pflege

Merkmale
- Pflege durch Bezugspersonen *z.B. Angehörige, Freunde, Nachbarn oder Betreuer*
  → id.R. keine pflegerische Ausbildung (entspricht Laienpflege)
- basiert auf Gegenseitigkeit und Nächstenliebe, persönliche und emotionale Betroffenheit zwischen dem Pflegenden und dem Pflegeempfänger
  → Laienpflege ist die häufigste Form der Pflege in Deutschland

1.7.3 professionelle Pflege

Merkmale
- Fachkompetenz durch Ausbildung erworben (Altenpflege, Kinderkrankenpflege und Krankenpflege)
- Handeln ist prozessorientiert und geplant, basiert auf wissenschaftlichen Erkenntnissen
- zeitliche Begrenzung, weil nur begrenzte Arbeitszeiten vergütet werden
- Voraussetzung:
  Empathie, Solidarität, Toleranz, Teamfähigkeit, kommunikative Fähigkeiten

- Ursache:
  wenn Selbst- und Laienpflege nicht ausreichen, um alle Pflegebedürfnisse zu erfüllen

- Ziel:
  (Wieder-)erlangen der Unabhängigkeit und Selbstmanagementkompetenz

1.8 pflegetheoretische Modelle

Pflegetheorie — wissenschaftliche Betrachtung von Pflege

Pflegemodelle — vereinfachte, schematische, symbolische oder sprachliche Darstellung der Pflege, die in abstrakter Form wesentliche Aspekte der Pflege und Zusammenhänge zwischen diesen Aspekten wiedergibt
→ Vermittlung von theoretischen Grundlagen und Richtlinien für Pflegeprozess

Ziel:
- Transparenz, Sicherheit, Argumentationsmittel
- Vorstellungen über den Menschen und seine Pflegebedürftigkeit

Mittel
- je nach pflegerischem Schwerpunkt werden unterschiedliche Pflegemodelle eingesetzt

1.8.1 Pflegemodelle nach Orem

ambulante Pflege [= Selbstfürsorge-Defizit-Modell]
- befürfnisorientiert:
  - wenn Selbstpflegebedarf > Selbstpflegevermögen
  - Wiederherstellung der Balance zwischen Selbstpflegebedarf und Selbstpflegevermögen
    → kompensatorischer Pflegeprozess

1.8.2 Pflegemodelle nach Peplau

psychiatrische Pflege [= zwischenmenschliche Beziehungen]
- interaktionsorientiert:
  Pflegende können durch das Annehmen verschiedener Rollen zur Entwicklung des pfleg. Beziehungsprozesses beitragen

1.8.3 Pflegemodelle nach Krohwinkel

stationäre Pflege (Altenpflege) [= fördernde Pflege]
- befürfnisorientiert**:**
  Förderung von Ressourcen z.B. Aktivitäten, Beziehungen, Erfahrungen
  → was muss die Pflegekraft tun, um den Menschen bei der Befriedigung seiner Bedürfnisse (Waschen/Kleiden) zu helfen ?

1.9 Pflegeprozess

1.9.1 Definition

der Pflegeprozess stellt einen Problemlösungs- und Beziehungsprozess dar:

- Beschreibung der Planung und Ablauf pflegerischer Unterstützung
- Anwendung durch Pflegekräfte und Gestaltung mit Pflegeempfänger
- mehrere Pflegeprozessmodelle, die sich in Anzahl der Schritte unterscheiden

1.9.2 Schritte des Pflegeprozesses

1. **Informationssammlung**
   (= Anamnese durch Gespräch, Messung, Beobachtungen)

2. **Erkennung** von Ressourcen und Problemen
   (PESR = Problem, Einflussfaktor, Symptom und Ressourcen)

3. **Festlegen** der Pflegeziele (z.B. Zustand oder Fähigkeiten)

4. **Planung** der Pflegemaßnahmen (hinsichtlich der Pflegeziele)

5. **Durchführung** der Pflegemaßnahmen

6. **Evaluation** der Wirkung (Non-Compliance als negatives Resultat)

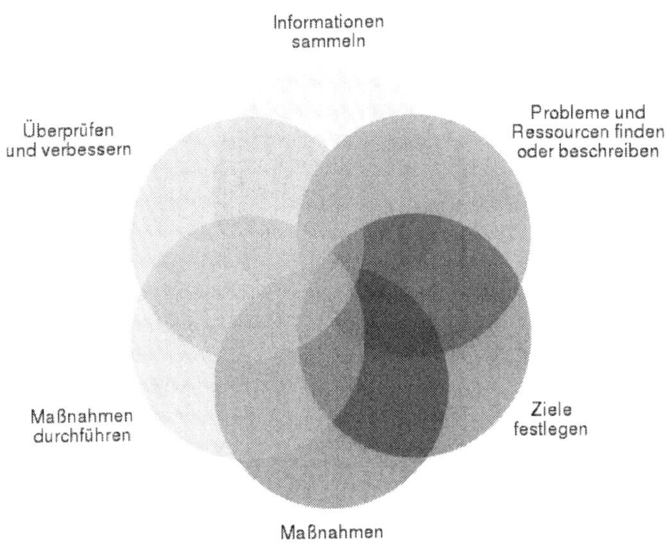

2. Einheit – Organisation des menschlichen Körpers

2.1 von der Zelle zum Organismus

2.1.1 Aufbau und Funktion von Zellen

differenzierte Zellen *(endgültig ausgeprägt)* **unterscheiden sich in 4 Aspekten:**

1. **Form**
   z.B. rund, zigarrenförmig, spindelförmig mit Ausläufern

2. **Größe**
   mehrere cm bis 1 nm

3. **Lebensdauer**
   je nach Beanspruchung zwischen Tagen bis Jahren, zusätzlich genetisch gesteuert (z.B. wird das Darmepithel alle 5 Tagen erneuert bzw.
   der Mensch produziert 25 Billionen Erythrozyten im Jahr, davon werden täglich ca. ein Prozent (200 Milliarden) erneuert, was 2 Millionen Erys in der Sekunde entspricht)

4. **Aufgabe**
   differenzierte Zelle haben verschiedene Aufgaben

Der Organismus: ein hierarchisch geordnetes System

- im Organismus befinden sich verschiedene Organe:
  - mit konkreten Eigenschaften u. Funktionen (z.B. Muskelkontraktion, Atmung, Verdauung)
  - Zusammenarbeit im körpereigenen System
  - Anweisungen von Nerven- und Hormonsystem
  - einzelne Organe haben sehr spezielle Aufgaben (manchmal mehrere)
  - bestehen sie aus verschiedenen Geweben und Zellen

Gewebe

Zelle

↓

Organ

- der Mensch besteht v.a. aus folgenden Elementen:
  primäre Grundsubstanz aus C, H, O;
  zusätzlich aus S, P, N

Zellen bilden die Basis des hierarchisch geordnetes Organsystem

- regulieren den Stoffwechsel eines Menschen arbeitsteilig (z.B. kann Belegzelle der Magenschleimhaut die Salzsäure produzieren, während Nervenzellen elektrische Impulse weiterleitet)
- jede Zelle enthält komplette Erbinformation und kann Energie produzieren.
- die chemische Energie stammt aus der Ernährung, die der Körper dafür nutzt eine innere Homoöstase (Gleichgewicht) herzustellen

Zellen sind kompartimentiert

- Unterteilung der Zelle in verschiedene Räumen (kompartimente Organellen) zur:
  - Regelung von Stoffwechselvorgängen und Lebensprozessen
  - Gewährleistung des Transports, der Kommunikation und der Datenspeicherung
- einzelne Kompartimente unterscheiden sich in Aufbau und Funktion
- die Zelle ist dicht gefüllt

2.1.2 Eigenschaften und Funktion von Zellorganellen

Zellorganellen	Eigenschaften und Funktion
Zellmembran	• Trennung von wässrigen Funktionsräumen durch Doppellipidschicht • Stoffaustausch • flexibel und semi-permeabel
Zellplasma	• wässrige Lösung von Nährstoffen und Salzen, sowie niedermolekularen Stoffen • Ort des Stoffwechsel • Erhaltung des Zellinnendrucks
Zellkern	Lagerung und Schutz der DNA + Informationsweitergabe
Mitochondrium	„Kraftwerke der Zelle“ mittels Zellatmung, Dissimilation: Glucose + O_2 → CO_2 + H_2O + ATP
endoplasmatisches Reticulum (ER)	raues ER = Orte der Eiweißsynthese glattes ER = Stoffumwandlung, Stofftransport Entgiftungsfunktion
Ribosom	Ort der Eiweißsynthese bestehen aus 40 % RNA, 60 % Protein

Zellorganellen	Eigenschaften und Funktion
Golgi-Apparat	• Produktion von Membranen • Umwandelung und Anpassung von Stoffen • Verpackung und Versand von Stoffen in Vesikel (mit Mannose-6-Phosphat)
Lysosomen	Membranbläschen mit vielen Verdauungsenzymen (diese zerkleinern „Müll", Nahrung und Fremdstoffe)
Mikrotubuli (Teil des Cytoskeletts)	• Stabilisierung der Zelle • Gewährleistung der Fortbewegung (Vesikel wandern daran) • Bewegung oder Transport von Vesikel
Plastiden	Membranbläschen ≙ Vesikel mit Vorräten Farbstoffe, Giftstoffen, Abfall, Fette etc.
Zellwand	• Schutz nach außen • Formgebung • Stabilisierung

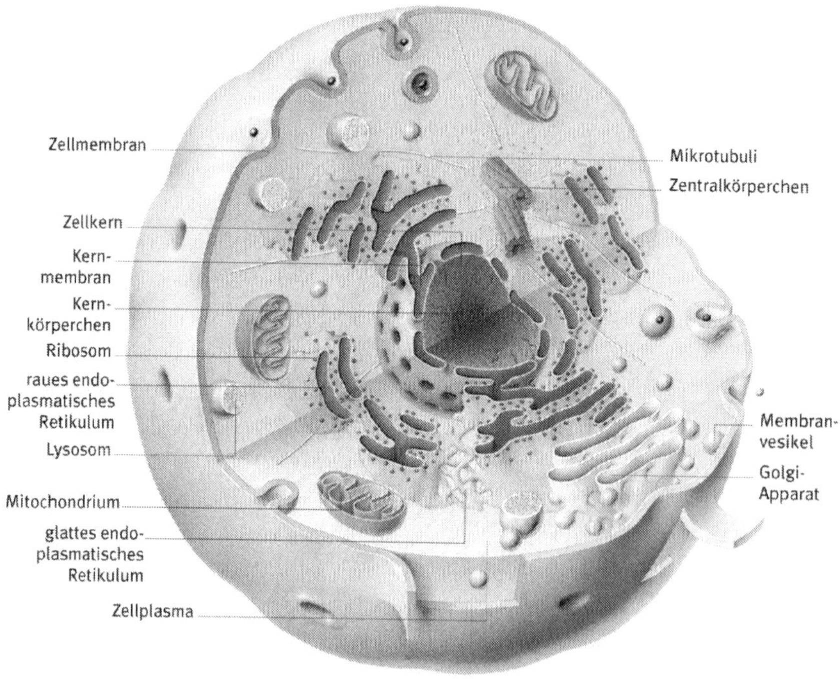

2.2 Zellzyklus und Zelldifferenzierung

Kennzeichen des Lebens:

- Stoffwechsel
- Fortbewegung aus eigener Kraft
- Fortpflanzen
- Wachsen
- Tod (Apoptose u. Nekrose)
- Aufbau aus verschiedenen Zellen
- Reizbarkeit, Informationsweitergabe

Zellen im Vergleich – Eucyte und Procyte

Bestandteil	Eucyte	Procyte
Kern	vorhanden	DNA liegt frei im Cytoplasma
Mitochondrien	vorhanden	keine
Kompartimentierung	vorhanden	keine
Inneres Membransystem	vorhanden	schwach ausgeprägt
Cytoskelett	vorhanden	keine
Ribosom	vorhanden	vorhanden
Zellvolumen	groß	klein (1/100 von Eucyte)
Vermehrung	Mitose und Meiose (*geschlechtlich*)	Mitose (*ungeschlechtlich*)
DNA	Chromatin im Zellkern	DNA-Ring, Plasmide frei im Zplsma

Apoptose ≙ programmierter Zelltod (z.B. Absterben von Zellen während des Wachstums)

Nekrose ≙ massenhaftes Absterben von Gewebezellen bei Zerstörung von Zeltstrukturen (Unterschied zur Apoptose ist, dass die Nekrose eine Entzündungsreaktion hervorruft)

2.2.1 molekulare Struktur und Funktionen der DNA

Die DNA ist die Erbsubstanz aller Lebewesen, in der alle genetischen Informationen verschlüsselt sind. Sie befindet sich im Zellkern

Doppelhelix die DNA besteht aus zwei DNA-Einzelsträngen, die in entgegengesetzte Richtungen verlaufen, der eine nach „oben", der andere nach „unten"
→ Ausbildung der Doppelhelix

Rückgrat der DNA

- Zucker und Phosphatmoleküle bilden das Rückgrat der DNA
- abwechselnder Aufbau von Desoxyribose und Phosphat
- die Phosphatgruppen sind negativ geladen
- die beiden schraubenförmigen Stränge symbolisieren die beiden Phosphatsäure-Zucker-Ketten
- die horizontalen Balken bilden die Basenpaare

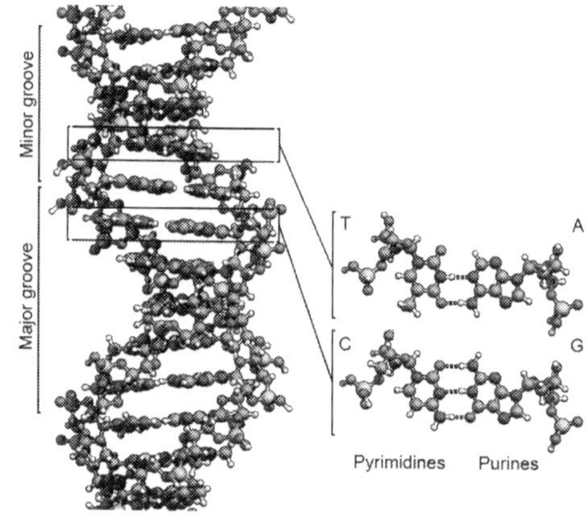

Quelle: https://upload.wikimedia.org/wikipedia/commons/4/4c/DNA_Structure%2BKey%2BLabelled.pn_NoBB.png; unverändert

Zusammenhalt der Einzelstränge

- die Einzelstränge werden durch die komplementären Basenpaare zusammengehalten
- der Zusammenhalt erfolgt durch Wasserstoffbrückenbindungen:

A = T
G ≡ C

Basenspezifität

- aufgrund der Basenspezifität verbinden sich immer Adenin = Thymin und Cytosin ≡ Guanin
  - Die Basenpaare A = T und G ≡ C haben exakt die gleiche Bereite, und sind ähnlich aufgebaut
  - <u>Grund</u>: die Paarung zwischen den Basen A = T und G ≡ C kann daher mit geringem Energieaufwand durchgeführt werden

- man bezeichnet diese Bausteine der DNA als Nukleotide
  → die DNA-Stränge sind durch Nukleotidpaare miteinander verbunden

räumliche Struktur und genetische Information

genetische Information

- die Erbinformation ist in der Abfolge der vier Basen A, T, G und C verschlüsselt
- ein Abschnitt der DNA, das für ein Protein zuständig ist, wird als Gen bezeichnet → genetischer Code

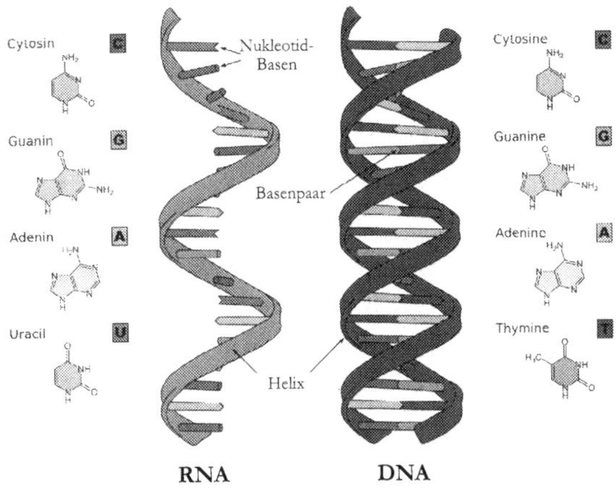

Quelle: https://upload.wikimedia.org/wikipedia/commons/3/37/Difference_DNA_RNA-EN.svg; verändert

räumliche Anordnung

in der DNA findet man, wie bei den Proteinen, eine grundlegende Struktur (= Primärstruktur) und eine spezielle räumliche Struktur (= Sekundärstruktur)

DNA	Desoxyribonukleinsäure
RNA	Ribonukleinsäure
Primärstruktur	unverzweigte Kette aus Nukleotiden (Phosphorsäure, Desoxyribose, organische Base)
Sekundärstruktur	die DNA liegt als schraubförmige Doppelhelix vor (rechtsgedreht); es gilt die Basenspezifität

die Stränge verlaufen antiparallel (gegenläufig):

a) eine Seite: 5‘ Phosphat, 3‘ Zucker

b) andere Seite: 3‘ Phosphat, 5‘ Zucker

Wasserstoffbrückenbindungen (H-Brücken)

- aufgrund der polarisierten Ladungsverteilungen im Wassermolekül können sich 2 Wassermoleküle anziehen

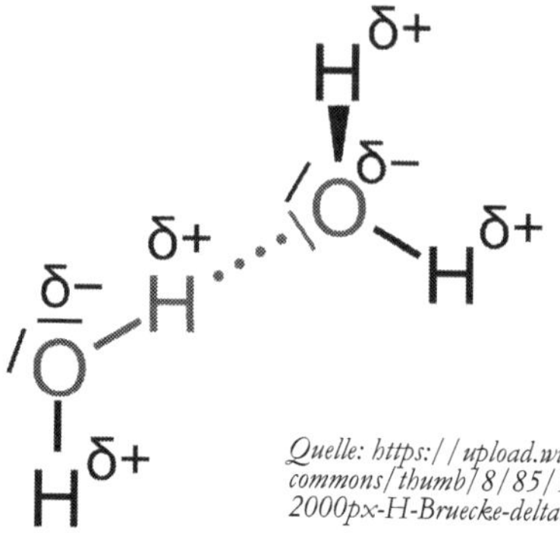

Quelle: https://upload.wikimedia.org/wikipedia/commons/thumb/8/85/H-Bruecke-delta.svg/2000px-H-Bruecke-delta.svg.png

Adenin und Thymin sind immer durch 2 Wasserstoffbrückenbindungen sowie …

A = T

Cytosin und Guanin mit 3 Wasserstoffbrückenbindungen miteinander verbunden

G ≡ C

aufgrund der Wasserstoffbrücken werden die Polynukleotidstränge zusammengehalten

- dadurch kann das Auseinanderweichen der Einzelstränge ohne jeglichen Energieaufwand betrieben werden
- dieses Auseinanderweichen der Stränge ist Voraussetzung für die Replikation und Transkription

Chromosomen

Aufbau

- ein Chromosom besteht aus 2 Schwester Chromatiden, die über das Centromer miteinander verbunden sind

Funktion

- stofflicher Träger der Erbanlagen
- beide Chromatiden enthalten dieselbe Erbinformation
- jeder Mensch hat 46 Chromosomen, 23 homologe Paare → d.h. sein Genom ist diploid

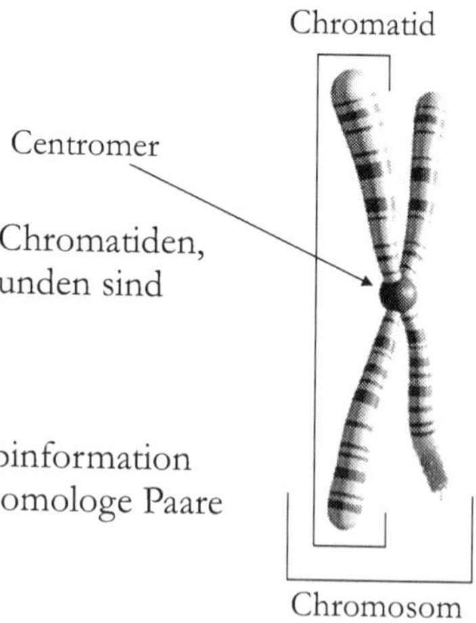

Quelle: https://upload.wikimedia.org/wikipedia/commons/c/cf/Chromosom-DNA-Gen.png; verändert

2.2.2 Zellzyklus und Interphase

Definition

- ablaufendes Programm zur Verdopplung der Zelle innerhalb einer bestimmten Zeit (Interphase)
- Funktion: Regulation des Wachstums und der Regeneration der Zelle
- der Zellzyklus gliedert sich in 4 Hauptabschnitte (G_1 -, S-, G_2-Phase, Mitose)

Interphase

- im Zellkern liegt ein Chromatin-Gerüst vor (Phase der höchsten Stoffwechselaktivität)
- Funktion: Verdopplung der Erbinformation (= Replikation bzw. S-Phase)
- gegliedert sich in 3 Abschnitte (G_1 -, S-, G_2-Phase), die zur Vorbereitung auf die Mitose dienen

Phasen des eukaryotischen Zellzyklus

- **G_1-Phase:** 1-Chromatid-Chromosom, starke Stoffwechselaktivität, starke Proteinsynthese

- **S-Phase** (Synthese-Phase): 1-Chromatid-Chromosom wird repliziert → 2-Chromatid-Chromosom

- **G_2-Phase:** siehe G_1 + 2-Chromatid-Chromosomen

- **„G0"** ≙ Dornröschenschlaf, aus dem die Zelle durch geeignete Signale wieder zum Wachstum angeregt werden kann

Stadien des Zellzyklus

(1) Replikation (*Interphase bzw. S-Phase*)

(2) Mitose

(3) Cytokinese

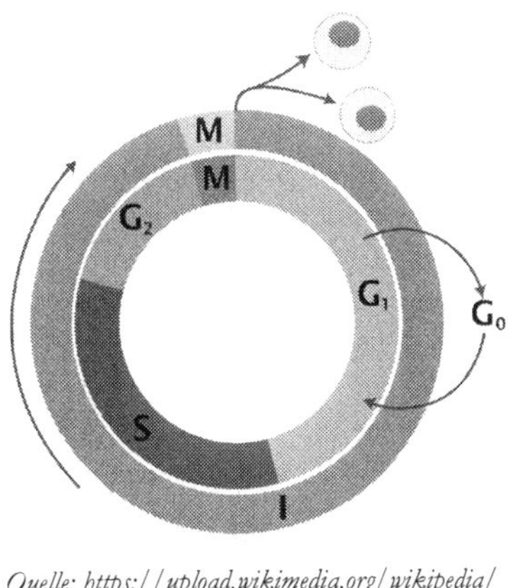

Quelle: https://upload.wikimedia.org/wikipedia/commons/e/e0/Cell_Cycle_2-2.svg; unverändert

2.2.3 Replikation – Verdopplung der DNA

Ort: im Zellkern

a) Trennung der Einzelstränge:

1. Topoisomerase entschraubt die Doppelhelix der DNA
2. Helicase *(Entbindungsenzym)* spaltet Wasserstoffbrückenbindungen, die Nukleotide (Basen) zusammenhalten
   → Bildung einer Matrize / Vorlage (ein Leit- und Folgestrang)

b) Verdopplung der Einzelstränge

3. Primase synthetisiert die Primer nur an freie OH-Gruppe des 3'- Ende der Matrize (bzw. 5'-Ende des Tochterstrangs)
4. DNA-Polymerase III verknüpft die DNA-Nukleotide in 5' → 3' , um den fehlenden DNA-Strang zu ergänzen
5. Prozess am Leitstrang verläuft kontinuierlich
6. am Folgestrang (diskontinuierlicher Strang) muss stets neuer Primer synthetisiert werden, da die Syntheserichtung der DNA-Polymerase III entgegengesetzt der DNA-Aufspaltrichtung (Leserichtung 3' → 5') ist
7. Wiederholung der Vorgänge, solange bis die DNA repliziert wurde

c) Feinschliff der DNA

1. Bildung von Okazaki-Fragmenten durch die diskontinuierliche Verknüpfung am Folgestrang
2. Entfernung der Primer durch RNase H
3. Füllen der Lücken durch DNA-Polymerase I mit weiteren DNA-Nukleotide
   → Ligase verknüpft die Okazaki-Fragmente am Folgestrang
   → DNA-Polymerase I korrigiert ständig die Fehlkopien

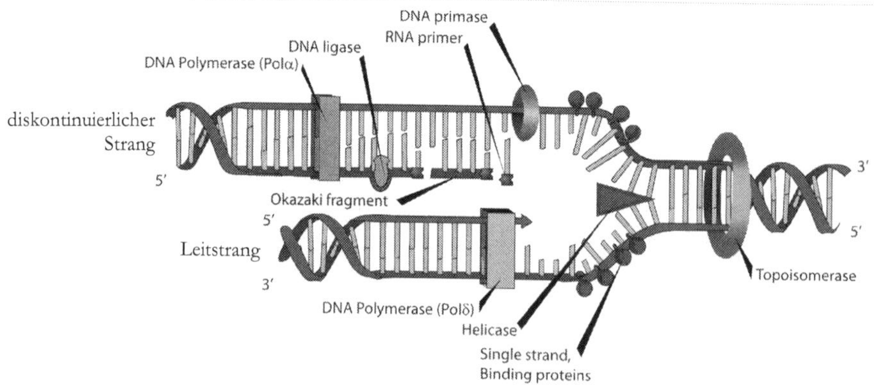

beispielhafte Reparatursysteme:

Missmatch-Reparatur Basen wurden falsch verknüpft (Missmatch) und werden wieder richtig angeordnet

Exessionsreparatur Herausschneiden eines fehlerhaften Teils des Stranges und das Ersetzen durch ein passendes Teil

Leserichtung: 3' → 5'

Syntheserichtung: 5' → 3'

Telomere bestimmen die Lebenszeit – Prozess des Alterns

1. Verkürzen der Chromosomenenden bei jeder Replikation am 5'-Ende:
    - DNA-Polymerase findet kein 3'-Ende (freie OH-Gruppe) zum Ansetzen, um den RNA-Primer zu synthetisieren
    - damit würde das Erbgut bei jeder Replikation weniger werden bzw. die Zellen altert, da die DNA kürzer geschnitten werden muss, um ein freie 3'-Ende für den Primer zu bilden

2. deswegen werden Telomere (nicht kodierenden, einzelsträngige Enden der Chromsomen) verkürzt anstelle der DNA und somit bleibt das Erbgut lange Zeit verschont:
    - Telomerase verlängert das 3' Ende des DNA-Stranges, d.h. es kann diese Verkürzung wieder ausgleichen
      (Beispiel: maligne Krebszellen besitzen u.a. eine autoaktive Telomerase, die dafür sorgt, dass die Zelle aufgrund der sehr schnellen Zellteilung wegen der DNA-Verkürzung nicht zugrunde geht)
    - Platz für die Primase und DNA-Polymerase, die das 5'-Ende ergänzen
    - das 5' Ende hat dadurch die frühere Länge, das 3'-Ende einen Überhang

3. die Telomerase kann diese Verkürzung nicht lebenslang bremsen, d.h. im Laufe des Lebens reduziert sich die Anzahl der Telomere, was folglich zum Altersprozess führt

2.2.4 Mitose

Funktion Zellteilung einer homologen Mutterzelle → 2 diploide Tochterzelle

Prophase
- Auflösung der Kernmembran
- Anordnung und Spiralisieren der Chromosomen (= sichtbar werden)
- Ausbildung des Spindelapparats (Centrosomen fungieren als Pole)

Metaphase
- Anlagerung der Chromosomen in der Äquatorialebene
- Spindelfasern (Mikrotubuli) greifen an Centromere der Chromosomen

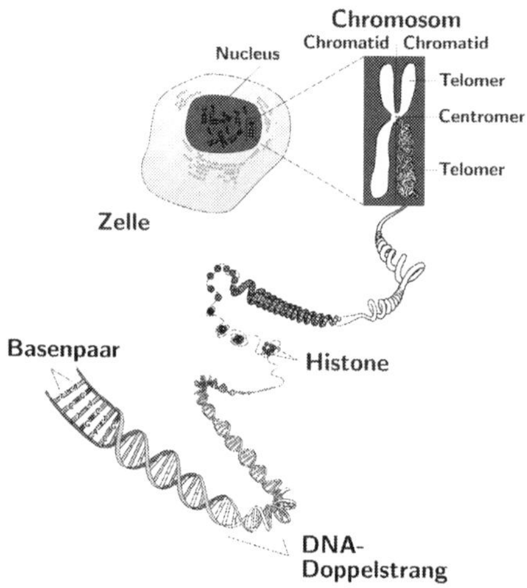

Anaphase
- Trennung der Chromosomen in einzelne Chromatiden durch die Spindelfasern
- gleichmäßige Verteilung der Chromatiden auf beide Pole

Telophase
- Ausbildung neuer Kern- und Zellmembran
- Entspiralisierung (Chromosom → Chromatin)

Cytokinese
- Zelldifferenzierung in insgesamt 2 Tochterzellen

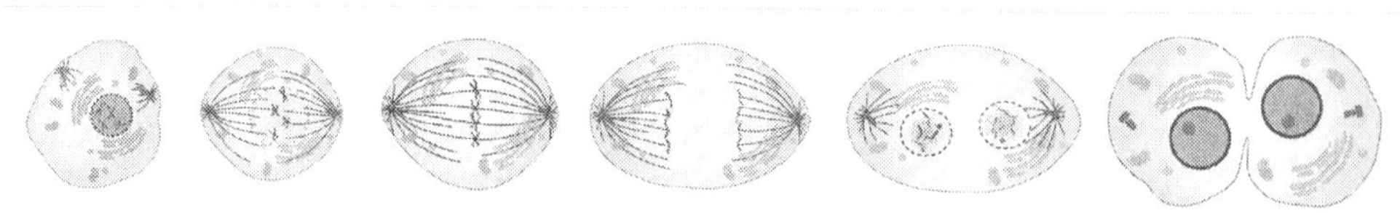

Prophase Metaphase Anaphase Telophase Cytokinese

2.2.5 <u>Meiose</u> (Keimzellbildung)

1. Reifeteilung (≙ Reduktionsphase)

Prophase I
- Urkeimzelle aus 46 diploiden Chromosomen
- Spiralisieren (Kondensieren) der Chromosomen
- Ausbildung des Spindelapparats (Centrosomen fungieren als Pole)

Metaphase I
- Anordnung in der Äquatorialebene, sodass die Chromosomen der homologen Paare gegenüber liegen
- jeweils eines der homologen Chromosomen weist zu einem Pol

Anaphase I
- Trennung ganzer 2-Chromatid-Chromosomen
  → Trennung mütterlicher und väterlicher Chromosomen erfolgt durch zufällige Verteilung der Chromosomen auf die beiden Zellpole
- diploider Chromosomensatz wird zum haploiden Chromosomensatz

Telophase I
- Erreichen der Zellpole
- Ausbildung einer neuen Kernmembran
- Entspiralisierung
- zwei Zellen mit haploidem (zufällig zusammengestellten) Chromosomensatz

2. Reifeteilung (≙ Äquationsteilung)

kurze Interphase (+ davor Cytokinese)

Prophase II
- Ausbildung des Spindelapparats
- Auflösung der Kernmembran

Metaphase II
- Ausbildung einer neuen Kernspindel bei Tochterzellen
- Anordnung der Chromosomen in der Äquatorialebene

Anaphase II
- Trennung der Chromosomen in 1-Chromatid-Chromosomen, welche sich zu den Polen bewegen

Telophase II
- Abschnüren von 4 Keimzellen (Spermien) bzw. einer Keimbahnzelle (Eizelle) und 3 Polkörperchen

Ergebnis der Meiose:

Mann: 4 gleich große haploide Keimzellen (Spermien)
Frau: 1 große Eizelle (+ 3 kleine Polkörper, welche jedoch absterben)

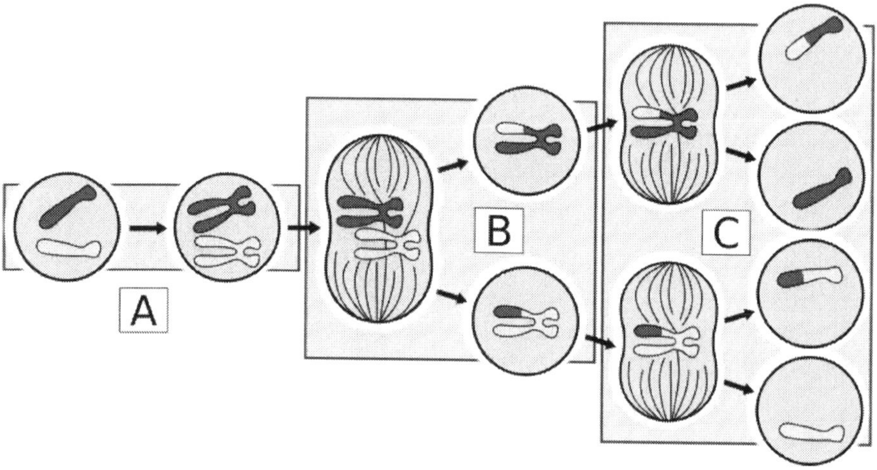

2.2.6 Vergleich Mitose und Meiose

	Mitose	Meiose
Funktion	Vermehrung von Zellen	Bildung von Geschlechtszellen
Ort	in allen wachsenden Zellen	in den Keimdrüsen
Erbgut	DNA von Mutterzelle und Tochterzelle sind identisch	DNA von Mutterzelle und Keimzellen sind unterschiedlich
Ablauf	Kernteilung	• 1. und 2. Reifeteilung • intra- und interchromosomale Rekombination
Ergebnis	Zellteilung einer homologen Mutterzelle zu 2 diploiden Tochterzellen	• Reduktion des Chromsomensatzes • 4 Keimzellen mit haploiden Chromosomensatz

physiologischer Ablauf einer Einnistung in die Gebärmutter

1. nach dem Eisprung wird die Eizelle aus dem Eierstock hinausgespült und vom Eileiter aufgenommen
2. dort ist sie ca. 6 bis 24 Stunden lang befruchtungsfähig
3. Voraussetzung für eine Einnistung ist die Befruchtung der Eizelle
4. ein einziges Spermium kann nun in die Eizelle eindringen, danach wird sie für alle anderen Spermien unzugänglich
5. durch die Verschmelzung von Eizelle und Spermium entsteht nun eine befruchtete Eizelle (die Zygote)
6. nur eine befruchtete Eizelle kann sich in die Gebärmutter einnisten
7. wenn die Eizelle am 5. bis 6. Tag nach der Befruchtung die Gebärmutter erreicht, ist bereits ein kleiner Zellhaufen (Blastozyste) entstanden
8. <u>Nidation</u>:
   ab dem 7. Tag kann sich die Blastozyste in die Gebärmutterwand einnisten (Implantation)
9. die Eizelle legt sich in der Wand der Gebärmutter in eine Mulde, die die Eizelle vollständig bedeckt

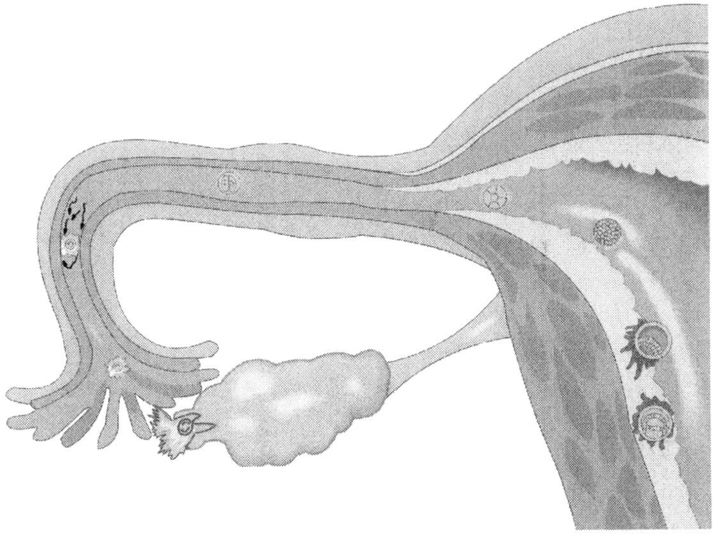

Vereinigung der Geschlechtszellen

- Befruchtung der Eizelle (diploider Chromosomensatz)
- Eizelle (haploider Chrom.) + Spermienzelle (haploider Chromosomensatz)
- Spermienzelle bestimmt Geschlecht des entstehenden Kindes, da nur sie ein Y-Chromosom tragen kann
- Zygote besitzt genetische Information beider Elternteile (diploider Chromosomensatz)

2.2.7 Karyogramm

Funktion:

- geordneter Chromosomensatz
- die Chromosomen werden geordnet nach (…)
    a) Größe
    b) Lage des Centromers
    c) p/q (langer und kurzer Arm)

Autosomen alle Chromosomen von 1 bis 22

Gonosomen Geschlechtschromosomen; Frau: XX Mann: XY

Karyogramm

- Herstellung:
    - Blutentnahme
    - Wachsen der Lymphozyten (weiße Blutkörperchen) in einer Nährlösung bei 37°C
    - Mitose im Metaphasen-Stadium stoppen mit Cholizin (verhindert die Ausbildung der Kernspindel)
    - Verquellen der Lymphozyten und platzen lassen der roten Blutkörperchen mit einer hypotonen Lösung

- Bedeutung:
    - geordnete Darstellung aller Chromosomen einer Zelle
    - Beispielhafte Erkrankungen (Trisomien, Cri-du-Chat)
    - 2 Gonosomen XX → Frau; XY → Mann
    - 44 homologe Autosomen

- erkennbare Pathologien z.B. Trisomie 21, Trisomie 13, Trisomie 18

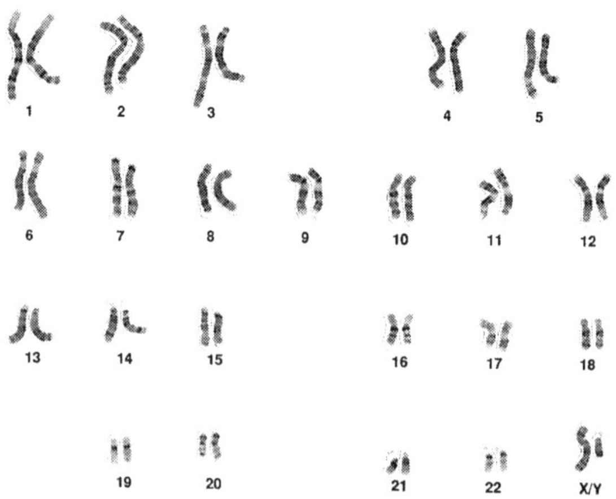

2.2.8 Stammzellen

der Organismus: Entwicklung der Zelle

- Entstehung zwei identischer Zellen durch eine **befruchtete Zelle** (*Zygote*)
- dieser Vorgang wiederholt sich (Bilden von Klonen)
- Differenzierung der Zellen (Zeitpunkt: Zellkern hat 36 Zellen)
  - Erlernen spezieller Aufgaben
  - Veränderung in Form und Größe der Zelle (s. Blutzelle)
  - spezielle Faktoren für Differenzierung („Ausbildung") zuständig

man unterscheidet folgende Arten von Stammzellen

totipotent	die Zelle kann sich in **jede** andere Zelle entwickeln (z.B. frühe, embryonale Stammzellen) → aus ihnen kann sich ein ganzer Organismus entwickeln
pluripotent	die Zelle kann sich in **viele** andere Zellen entwickeln (z.B. Stammzellen im Knochenmark) → aus ihnen können sich einzelne Organteile, aber kein ganzer Organismus entwickeln
multipotent	die Zelle kann sich in **wenige** andere Zellen entwickeln → aus ihnen können sich nur bestimmte Gewebe entwickeln
adult bzw. differenziert	Zellen können sich nicht weiterentwickeln

2.3 Biomembran

2.3.1 Bau und Funktion

Eigenschaften

1.) polaren hydrophilen bzw. lipophoben Kopf
2.) unpolaren hydrophoben bzw. lipophilen Schwanz
3.) sind flexibel und semi-permeabel

Funktion

- Stoffaustausch
- Schutz vor äußeren Einflüssen
- Informationsweitergabe
- Form und Stabilität
- selektives Durchlassen
- elektrische Leitung in Nervenzellen
- Trennung von zwei wässrigen Bereichen
- Aufbau von Konzentrationsgradienten bzw. Kompartimenten und Potenzialen (Ladungsdifferenzen)

Aufbau

- Grundbausteine der Biomembran sind die Phospholipide
- sie ordnen sich in Form einer Lipiddoppelschicht an
- Phospholipide bestehen aus einem hydrophilen und einen hydrophoben Teil.
  - in der Doppelschicht zeigen die hydrophoben Anteile nach innen, die hydrophilen nach außen
  - die hydrophilen Anteile können mit wässrigen Lösungen in Kontakt treten

    → ermöglicht es, zwei wässrige Bereiche voneinander zu trennen

- Phospholipide wirken als Emulgatoren, d.h. „vermitteln" zwischen polaren und unpolaren Stoffen
- die Phospholipide bilden Lipiddoppelschichten (Bilayer)

- <u>diese Bilayer sind flexibel, da sie</u> (….)

  1.) Doppelbindungen aus ungesättigten Fetten enthalten, welche einen „Knick" in den Stapel bringen

  2.) Cholesterin enthalten
  → beides störte die feste Stapelbarkeit von Lipiden

Zell-Substrat-Erkennung:
geschieht über Kohlenhydratketten, den Proteinen oder Phospholipiden

Zell-Zell-Kontakte: verbinden mehrere Zellen zu einem Geweben

a) Zonula occludens (Verschlusskontakt; Schlussleiste)
die Zellkontakte heißen Tight Junctions und bilden eine stabile Barrierefunktion. Sie lassen keine Stoffe durch

b) Zonula adhaerens
die Zellverbindung, die die Aktin-Filamente von zwei Zellen verbindet. Sie setzt sich aus dem Protein Cadherin zusammen

c) Desmosomen (Nexus; Haltplatte)
die Zellkontakte heißen Gap Junctions. Wie der Name verrät, sind sie für den Stofftransport zwischen den Zellen zuständig

Fettsäuren

- die Geschwindigkeit und Flexibilität der Biomembranen wird durch die „ungesättigte Fettsäuren“ verursacht
- ungesättigte Fettsäuren unterbrechen die regelmäßige Stapelbarkeit der Membranmoleküle
  → die Membran wird flexibel

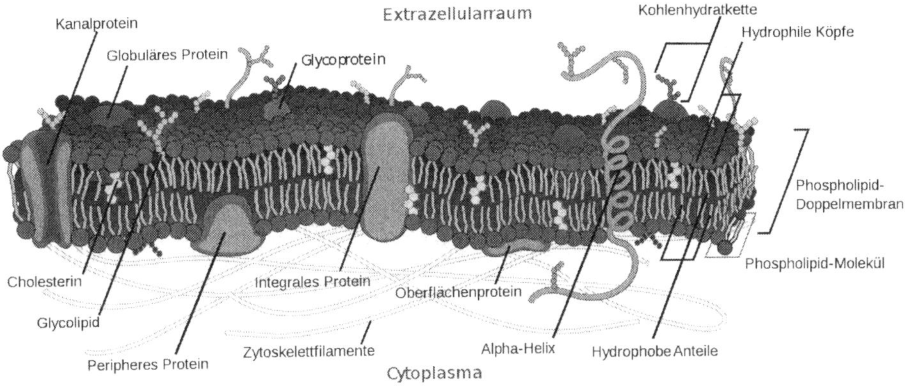

2.3.2 Transportprozesse

Transport- und Informationsaustausch:

- geschieht über die Proteine, welche in die Membran eingelagert sind
- die Biomembran ist permeabel für hydrophobe bzw. Lipophile Stoffe z.B. Glycerin, CO_2, O_2
- die Biomembran weist für Ionen (K^+, Na^+, Cl^-) eine gewisse Durchlässigkeit (Selektiv-Permeabilität) auf, da Ionen nicht durch die Biomembran diffundieren, müssen gewisse Transportproteinen eingelagert sein
- Porenproteine können ebenfalls als Rezeptoren für die Signalvermittlung sein

Passiver Transport

- Stoffe wechseln entlang ihres Konzentrationsgefälles die Membranseite (= Diffusion: gleichmäßige Verteilung von Molekülen)
- Osmose:
  die Verteilung von Wassermolekülen mit ihrem Konzentrationsgradienten

Transport mittels Carrier und Poren

- Vorgänge im Carrierprotein sind passiv
- Beispiel:
  - Fructose gelangt mit Eigenbewegung in das Carrier-Protein
  - dessen Form ändert sich, sodass der Durchgang auf die andere Seite geöffnet wird
  - die Fructose wird freigesetzt
    → der Vorgang benötigt keine Energie und verläuft entlang des Konzentrationsgefälles

- Aquaporine funktionieren passiv:
  - Kanalgestützter passiver Transport (kein Verbrach von ATP)
  - der Carrier erkennt die Form und verändert diese auch
  - ein Tunnelproteine wie z.B. Aquaporine können über Ladungen den Transport bewerkstelligen. Das positiv geladene Aquaporin-Molekül stoßt das H_2O wegen dem Dipol durch den Kanal

Natrium - Kalium - Pumpe

- die Na^+ / K^+ - Pumpe transportiert 3 Na^+-Ionen aus der Zelle und 2 K^+-Ionen in die Zelle entgegen der Konzentrationsgefälle
- dabei ist ATP notwendig, welches eine Phosphatgruppe abspaltet

  ATP → ADP + P
  Primär aktiver Transport verbraucht 36kJ an Energie

Symport (z.B. Na^+-Rückdiffusion)

1. von der Na^+/K^+-Pumpe wird ein Konzentrationsgradient aufgebaut für Na^+
2. bei der passiven Rückdiffusion der Na^+-Ionen werden z.B. Zuckermoleküle mitgeschleppt
   → sekundär aktiver Transport

Antiport (z.B. Na^+/K^+-Pumpe)

1. von der Na^+/K^+-Pumpe wird ein Konzentrationsgradient aufgebaut für Na^+
2. beim Rückdiffundieren der Na^+ - Ionen ändert der Carrier seine Form, daraus folgt: Ca^{+2} - Ionen binden und auf die andere Seite gebracht werden
   → aktiver Transport

Endocytose (endo = hinein)

- Stoffeinschleusung vom extrazellulären Raum in die Zelle durch Vesikel
- dadurch vergrößert sich die Zellmembran
- Beispiele:
  - <u>Pinozytose</u>: Aufnahme von flüssigen Stoffen
  - <u>Phagozytose</u>: Aufnahme von festen Stoffen (z.B. bei Makrophagen)

Exocytose (exo = hinaus)

- Stoffausscheidung aus der Zelle
- Makromoleküle werden innerhalb der Zelle in Vesikel verpackt und anschließend aus die Zelle hinaus geschleust
- dadurch verringert sich die Zellmembran

Endozytose und Exozytose

- bei all diesen Vorgängen sind das ER, der Golgi-Apparat und die Lysosomen beteiligt

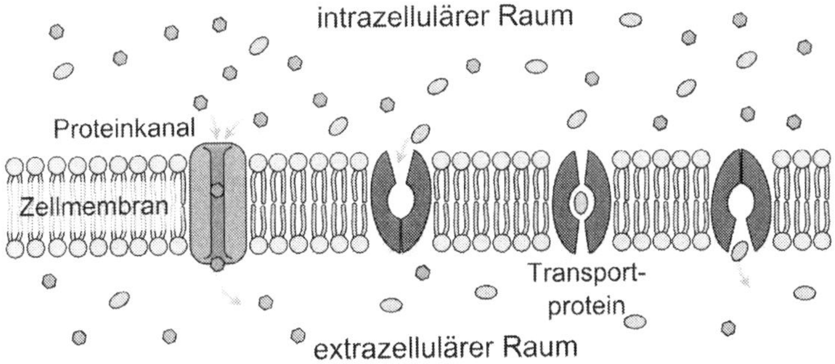

3. Einheit – Organsystem Haut

3.1 Bau und Funktion

3.1.1 Anatomie der Haut

1. Oberhaut (Epidermis)
(1) Hornschicht (verhorntes Plattenepithel)
(2) Basalzellschicht (Regeneration der Hornschicht + Melanin-Anlagerung)
(3) Basalmembran (Trennschicht zwischen Basalzellschicht und Dermis, ohne Blutgefäße und Schutz vor äußeren Einflüssen)

2. Lederhaut (Dermis)
- Papille (Ausstülpung zur Epidermis und Dermis)
- Schweißdrüsen, Haarwurzeln mit Talg- und Duftdrüsen
  - Ort des Stoffwechsel (viele Blutgefäße)
  - Sinneswahrnehmung (durch Mechanosensoren)

3. Unterhaut (Subcutis)
- Bindegewebe mit viel Unterhautfettgewebe
- durchzogen von größeren Lymph- und Blutgefäße und Nervenbahnen
  - Wasser- und Energiespeicher
  - Stoßabsorption und Wärmeisolation durch Fettgewebe

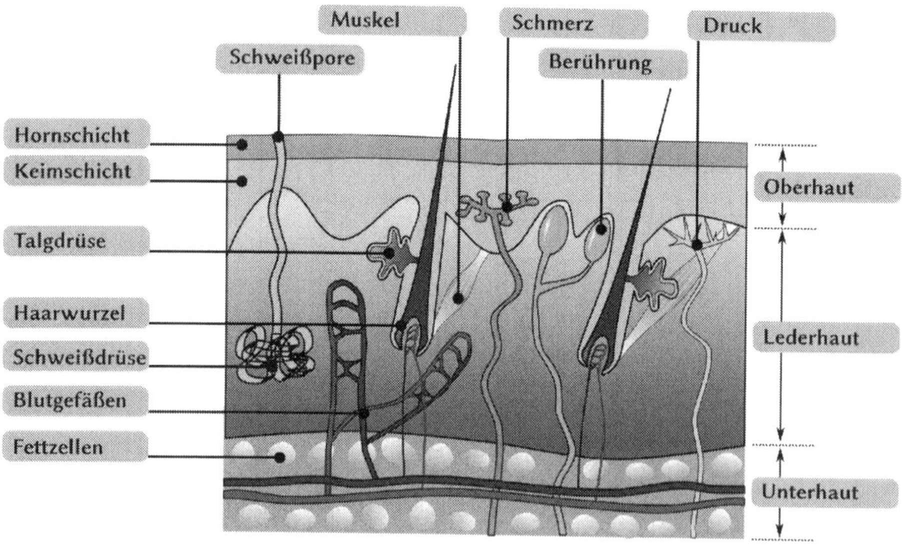

Quelle: https://upload.wikimedia.org/wikipedia/commons/a/a1/Schemazeichnung_haut.svg; unverändert

3.1.2 Funktionen der Haut

1. **Regulation des Wärmehaushalts**
   Vasodilatation bzw. Vasokonstriktion

2. **Schutz**
   Säureschutzmantel, fettige Talgschicht (Infektion) und Fettgewebe (Stoßabsorption)

3. **Stoffaustausch mit Umwelt**
   Abgabe und Aufnahme von H_2O, Salzen und Schadstoffen

4. **UV-Schutz**
   Schutz des Erbgutes durch Hornschicht und Melanin auf Papillen (Melanozyten)

5. **Sinnesfunktion**
   Wahrnehmung von Temperatur und Berührungen, Schmerzweiterleitung durch Nozizeptoren

6. **Kommunikation und Repräsentation**
   Scham: Erröten der Haut
   Bräune: Wohlsein

7. **Vitamin D-Bildung bei UV-Bestrahlung**
   wichtig für Kalzium-Haushalt v.a. bei Knochenbildung

3.1.3 Mechanosensoren

Benennung	Adaptions-geschwindigkeit	Ort und Funktion
Haarfollikel-sensor	RA / schnell	• Strukturen, die die Haarwurzel umgeben • Registrierung von Bewegungen der Haare z.B. bei Wind, feinen Streichbewegungen
Merkelzellen	SA (I) / langsam	• Registrierung von oberflächlich gleichleibenden Druckintensitäten (nimmt über die Zeit ab)
Meissner-Körperchen	RA / schnell	• Aufnahme von Druckveränderungen (Berührungen) • Stratum papillare der Lederhaut, v.a. in Fingerkuppen
Ruffini-Körperchen	SA (II) / langsam	• Wahrnehmung von Dehnungsreizen (über längerer Zeit nimmt Erregbarkeit ab) • Vorfinden in Stratum reticulare der Dermis
Pacini-Körperchen	RA / schnell	• Vibrationsrezeptoren (von schnellen Druckveränderungen) • Vorfinden in Subcutis

RA = rapid adaption;   SA = slow adaption

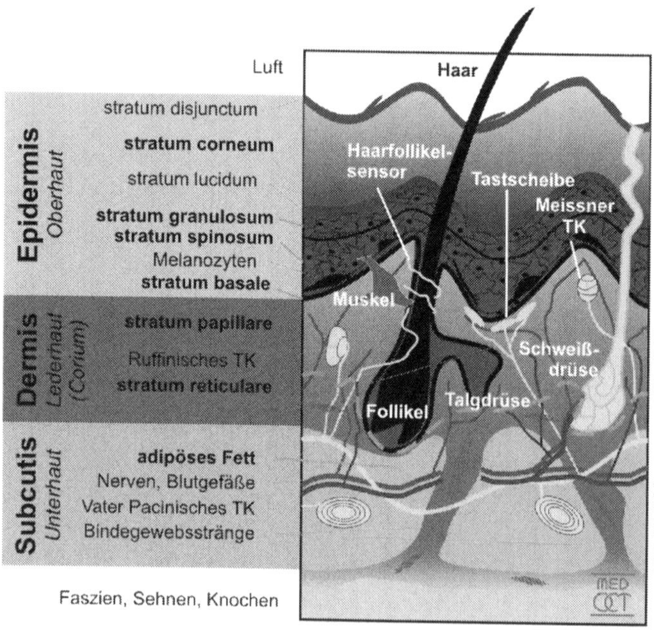

Quelle: https://upload.wikimedia.org/wikipedia/commons/0/0a/HautAufbau.png; unverändert

3.1.4 Schmerzwahrnehmung

1. Besonderheiten zu anderen Mechanosensoren

- direkte Reizaufnahme (freie Nervenendigungen) und sofortige Informationsweiterleitung an Nervenzellen
- unmittelbarer Schutz vor Beschädigung des Körpers
- 200 Sensoren pro cm^2 , Vorfinden an Oberflächen sowie Eingeweiden

2. Welche Reize werden wahrgenommen ?

- auf Temperaturen unter 5°C und über 45°C
- mechanische und chemische *(starke)* Reize

3. Weshalb ist es biologisch sinnvoll, dass Schmerzsensoren …

3.1. bei starken Reizen reagieren ?

- damit Körper nicht permanent in Alarmbereitschaft versetzt wird und dadurch große Mengen an Energie verliert

3.2 nicht adaptieren ?

- Schmerzreaktion soll solange andauern, wie benötigt
- ein andauernder Schmerz führt nicht zu einer verminderten Erregbarkeit *(Adaption)*

4. Unterschiede zwischen Nervenfasern

- Aα-Fasern:
  besonders schnell leitende, myelinisierte Nervenfasern (bis 120 m/s); sie sind an der Afferenz und Efferenz im Reflexbogen beteiligt

- Aδ-Fasern:
  besonders schnell leitende Nervenfasern (10 bis 30 m/s); registrieren den stechenden Oberflächenschmerz und machen Thermozeption

- C-Fasern:
  tendenziell langsam leitende, unmyelinsierte Nervenfasern (2 m/s); registrieren den dumpfen Tiefenschmerz (Eingeweideschmerz) + Thermozeption

5. drei Arten von Schmerzempfindungen

(1) stechender Oberflächenschmerz
(2) dumpfer Tiefenschmerz und
(3) dumpfer Eingeweideschmerz

6. Funktion von akutem Schmerz

- Warnfunktion vor (unmittelbar) drohenden bzw. eintretenden Verletzungen
- Typ-A Schmerzfasern übertragen den schnellen hellen Schmerz

7. Schmerzgedächtnis

- chronisches Auftreten von Schmerz
  → Adaption des Schmerzes
  → erhöhte Sensibilität gegenüber geringeren Reizstärken
  → Schmerzempfindung bereits bei leichten Reizen *(z.B. Berührungen)*

8. Phantomschmerz

- Konsequenz aus Schmerzgedächtnis:
  eingebildete Schmerzen *(z.B. in amputierten Gliedmaßen)*
- Notwendigkeit: Schmerz schnell wirksam zu bekämpfen

3.1.5 Thermoregulation

Wahrnehmung von Temperaturveränderungen durch (…)

- Kältekörperchen *(in Dermis)* und
- Wärmekörperchen *(tiefer in Dermis)*
- Verhältnis 4:1

Bei kalter Umgebung:

- Muskelzittern (Kontrahieren von Muskeln erzeugt Wärme)
- Fettgewebe isoliert
- Vasokonstriktion (Zusammenziehen der Blutgefäße)
  → geringere Wärmeabgabe
- Aufstellen der Haare (Wärmeisolation gefördert)

bei warmer Umgebung:

- Vasodilatation (Erweiterung d. Blutgefäße = hohe Wärmeabgabe)
- Schwitzen (Erzeugung von Verdunstungskälte)

3.2 Hautveränderungen

3.2.1 Erkrankung der Haut

Diagnostik

- mittels Lampe
- Dermatoskop
- Hautausschläge aus vielen kleinen Einzelveränderungen (*Efflorezenzen*)

Efflorezenzen:

- Fleck
- Knötchen (Verdickung der Haut)
- Erosion (Schürfwunde)
- Rhagade (spaltförmiger Hauteinriss)
- Quaddel (Blasen durch Ödem)
- Kruste (Eintrocknen von Sekreten)
- Bläschen (Pustel: Eiter gefüllter Hohlraum)
- Geschwür bzw. Ulkus (tiefer Defekt von Hautschichten)

Pathogenese:
durch frequentes Händewaschen oder Desinfizieren leidet natürliche Säureschutzmantel
→ Austrocknen und Hautrisse
→ Hautentzündung

Dekubitus (Druckgeschwür bzw. Dekubitalulkus)
Schädigung der Haut und des darunter liegenden Gewebes durch konstanten Druck über einen längeren Zeitraum

3.2.2 Ursachen, Symptome und Prophylaxe von Hauterkrankungen

Arbeitsplätze mit erhöhtem Risiko für Hautschäden

- mechanische, physikalische, thermische und chemische Belastung der Haut und Arbeit mit viel Wasser
  - Schweißarbeiter (thermische Belastungen)
  - Friseur (Hautekzeme und Lungenprobleme durch Chemikalien)
  - Bauarbeiter (UV-Strahlung, basischer Zement)

Ekzembildung:

1. Wasser-Fett-Film (Hydrolipidfilm) durch Faktoren geschädigt
2. Hornschuppen quellen auf und lockern sich (Barrierefunktion ausgesetzt)
3. feste Hornschicht zerstört
   → durchlässig für Schadstoffe (Pilze, Bakterien)
4. Verdickung der Hornschicht und Austrocknung
5. Rötungen und Schuppenflechte der Haut (ggf. massive Psoriasis)

Ekzymprophylaxe:

- beruflich adäquate Schutzhandschuhe (z.B. Schutz vor Säuren, Laugen)
- Hautreinigung mit milden Produkten (pH-Haut neutral, Feuchtigkeitscremes bzw. fetthaltige Salben)
- Hautschutzmittel (Schutzfilm für Hautbelastungen)
- frequentes Händewaschen mit warmen Wasser meiden

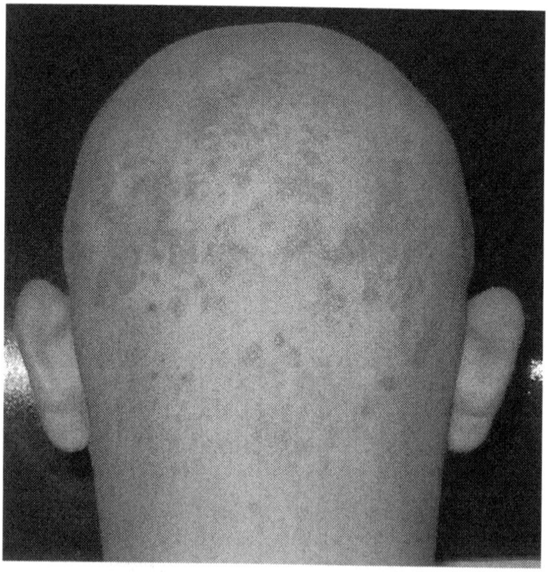

Quelle: https://upload.wikimedia.org/wikipedia/commons/f/f4/Seborrhoeic_dermatitis_head.jpg; unverändert

3.6 Pflegeprozess am Beispiel einer Person mit Hauterkrankung

1. Fallbeispiel

Pflegeprobleme bzw. Ressourcen	Pflegeziele	Pflegemaßnahmen
P: Patient hat Intertrigo (Bauchfalten an den Leisten) **E:** Adipositas, Bettlägerigkeit **S:** nässende, brennende Hautstellen **R:** Kooperation bei der Therapie ≙ Compliance	• die Haut ist an den betroffenen Stellen intakt • der Patient fühlt sich wohl	• feuchtes Hautmilieu vermeiden • schonende Hautreinigung • gründliches Abtrocknen bzw. Abtupfen • atmungsaktives Material (Kompressen) • saugfähige Unterwäsche aus Baumwolle • Abstrich von der betroffenen Hautregion und evtl. Infektion zu behandeln • regelmäßige Hautbeobachtung

2. Fallbeispiel

Pflegeprobleme bzw. Ressourcen	Pflegeziele	Pflegemaßnahmen
P: Patient hat Juckreiz und Kratzspuren auf der Haut **E:** Neurodermitis **S:** starker, nächtlicher, Juckreiz und Kratzen **R:** weiß um die Wichtigkeit nicht zu Kratzen und kennt die lindernden Maßnahmen	• keine Rötungen und Kratzspuren auf der Haut • der Patient führt wieder ruhigen Alltag	• psychosomatische Einflüsse reduzieren (z.B. Cortison durch Stress) • mechanische Reizung der Haut vermeiden (z.B. Kratzen) • Ölbäder und harnstoffhaltige Cremes (erhält Feuchtigkeit) • Textilien aus Wolle und Synthetik meiden sowie Umweltallergene

3. Fallbeispiel

Pflegeprobleme bzw. Ressourcen	Pflegeziele	Pflegemaßnahmen
P: Patient hat trockene Haut **E**: frequentes und heißes Duschen mit Seife **S:** Trockenheit, Hautspannung, Juckreiz **R**: Patient kooperiert bei der Therapie	• der Patient hat eine feuchtere Haut • der Patient spürt keine Symptome mehr	• frequentes und heißes Duschen sowie Kratzen vermeiden • Haut mit milden Produkten pflegen: dünnflüssige Lotion auf Öl-in-Wasser-Basis oder mit einer fettreichen Wasser-in-Öl-Emulsion • Wasserzufuhr erhöhen • Kaffee- und Teekonsum verringern (Kaffee bindet Zink und Magnesium, welche für Hautelastizität wichtig sind) • Parfüms und kosmetische Anwendungen moderieren • Luftfeuchtigkeit im geheizten Raum mindestens etwa 60 % betragen

4. Einheit – Grundlagen der Arzneimittellehre

4.1 Abgabe von Arzneimitteln

4.1.1 Inhaltsstoffe

Inhaltsstoffe in einem Arzneimittel:

- Wirkstoff (nur Bruchteil des Gewichts)
- Füllstoff (Stärke, Milchzucker erreicht notwendige Masse)
- Bindemittel (Zellulose bzw. Stärke hält Bestandteile zusammen)
- Weitere Zusatzstoffe (Farbstoffe oder Zerfallsmittel zum besseren Auflösen)
- Filmschicht (ggf. magensaftresistent)

4.1.2 Arzneimittelbegriffe

Arzneimittel	Stoffe zur Heilung, Verhütung, Linderung, Erkennung von Krankheiten mit immunologischer, pharmakologischer oder metabolischer Wirkungen oder Ersatz körpereigener Stoffe
Heilmittel	ärztlich verordnete Dienstleitungen (z.B. Physiotherapie, Ergotherapie, Logopädie)
Monopräparat	Arzneimittel, die nur einen Wirkstoff enthalten
Kombinations-präparat	Arzneimittel, die zwei oder mehrere Wirkstoffe enthalten. Diese erhöhen die Compliance, jedoch auch das Risiko unerwünschter Nebenwirkungen (bezüglich Wechselwirkungen)
Pharmaka	gr. = Gifte, Medikamente Synonym für Arzneimittel oder Medikamente
Pharmazie	wissenschaftliche Disziplin, die sich der Entwicklung, Herstellung, Lagerung und Abgabe von Arzneimittel widmet. Ein Apotheker ist ein studierter Pharmazeut

Generic Name

international einheitlich geltender und geschützter Name eines Wirkstoffes z.B. Acetylsalicylsäure = ASS (Aspirin®)

Generika
[Sing. Generikum]

Nachahmerpräparate, die nach Ablaufen des Patentschutzes des Originalwirkstoffes, hergestellt werden dürfen. Der Patentschutz besteht 10 Jahre, beispielsweise wurde nach der Frist das ASS-ratiopharm® eingeführt

Polymedikation

Medikation durch mehrere Arzneien. Etwa bei 7 Millionen Patienten in Deutschland bedarf es einer Polymedikation, allerdings ist das Verwechslungrisiko bei dieser enormen Vielfalt und Ähnlichkeit an Namen der Arzneistoffe, gerade für Demente, sehr groß

Indikation

Notwendigkeit der Medikation (z.B. bei Myokardprophylaxe; Hypertonie, um Nephropathie vorzubeugen)

Kontraindikation

das Gegenteil der Indikation. Die eingeschränkte Kontraindikation bezeichnet man als relative Kontraindikation bzw. vollkommene Kontraindikation als absolute Kontraindikation

Beispiel: Kontraindikation zur Medikation mit Penicillin bei Scharlach, wenn eine Penicillinallergie vorliegt (lebensgefährlich)

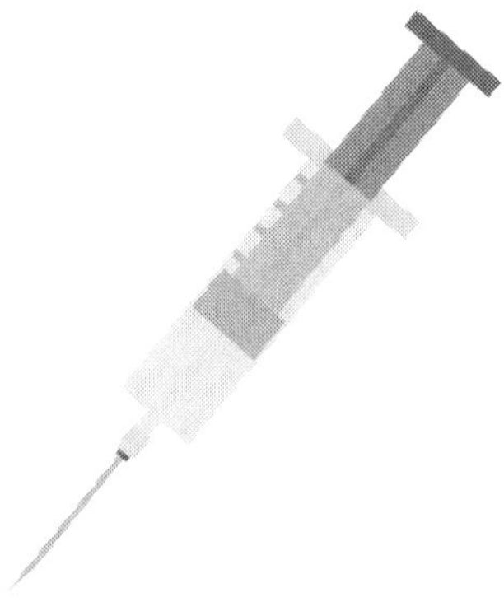

4.1.3 Abgabevorschrift

Arzneimittelgesetz (AMG)

- Regelung des Arzneibegriff, Abgabevorschriften, Herstellung und Zulassung von Arzneien
- Arznei-Zulassung durch Bundesgesundheitsamt, wenn Wirksamkeit und Unbedenklichkeit belegt wurde
- Betäubungsmittel sind über das Betäubungsmittelgesetz geregelt

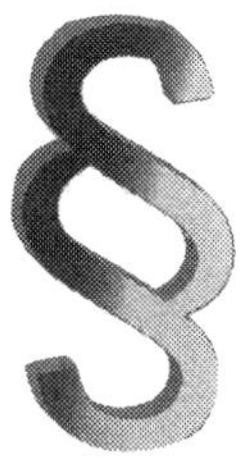

Abgabeformen

frei verkäuflich	apotheken-pflichtig (Ap)	rezeptpflichtig (Rp)	Betäubungs-mittel (Btm)
ohne Abgabevorschrift Medikamente mit keinem Gesund-heitsrisiko z.B. Vitaminpräparate, Desinfektions-mittel erhältlich in Supermarkt bzw. Apotheke	ohne Abgabevorschrift nur in Apotheken erhältlich (→ OTC) z.B. rezeptfreies Arznei zur Selbstmedikation	nur gegen ärztliche Verordnung (Rezept), da erhöhte Sicherheitsanforder-ungen bestehen in Apotheken erhält z.B. Antibiotika (Beratung notwendig)	nur mit Spezialre-zept in Apotheken erhältlich z.B. Morphin gegen starke Schmerzen

4.2 Einsatz von Arzneimitteln

4.2.1 Darreichungsformen

Darreichungsformen:
- flüssig (z.B. Tinkturen)
- fest (z.B. Tabletten)
- halbfest (z.B. Salben)
- speziell bzw. gasförmig (z.B. Sprays)

Beispiele:
- Lutschtablette (Zersetzung durch den Speichel)
- Sublingualtablette (Resorption durch Mundschleimhaut unter der Zunge)
- Kautablette
- Brausetablette (Resorption über Magenschleimhaut)
- Dragee (mehrere Zuckerschichten überdecken unangenehmen Geschmack)
- Retardtablette (langsame, sukzessive Resorption)
- Vaginaltablette (bei Pilzerkrankungen)

4.2.2 Applikationsarten

Ort	Applikationsarten	Charakteristika
Mund (Os)	oral	langer Resorptionsweg; eventuelle Resorption über die Mundschleimhaut
Muskel	intramuskulär (i.m.)	Distribution im Muskel kostet Zeit, ist dennoch schnell
Blut	intravenös (i.v.) [ggf. intraarteriell; i.a.]	rasche Distribution, da direkt Wirkstoff im Körperkreislauf ist
After	rektal [enteral]	Resorption über die Darmschleimhaut meidet Magenpassage, d.h. **Schutz vor Verdauung** z.B. von proteinhaltigen Arzneimitteln wie Insulin
Haut	subkutan (s.c.) [Unterhaut]	das Medikament gelangt über die Kapillargefäße ins Blut; nur kurze Aufnahmeverzögerung

Allgemein

letztlich gelangen alle Medikamente auf den Blutweg in die Leber, wo sie verstoffwechselt (metabolisiert) werden
→ entweder Aktivierung oder Deaktivierung des Arzneistoffs

enteral (über GI-Trakt)	**parenteral** (Umgehung des GI-Traktes)
oral (über den Mund)	epikutan bzw. transdermal (auf Cutis)
rektal (Rektum)	vaginal (in die Vagina)
Arzneimittel können lokal (örtlich) oder systematisch (im ganzen Körper) wirken Applikationsart ≠ Wirkungsort	sublingual (unter Lingua)
	intrakutan (in Cutis; i.c.)
	intravenös (in Vene; i.v.)
	subkutan (in Subcutis; s.c.)
	intramuskulär (in Muskel; i.m.)
	inhalativ bzw. pulmonal (über Trachea)

4.2.3 Einflussfaktoren

Einflussfaktoren:

- Eigenschaft
  → keine orale Applikation von Insulin
- Resorptionsgeschwindigkeit
  → orale Applikation: langsam; i.v. : schnell
- Wirkungsort
  → z.B. lokale Applikation von Augenmedikamenten
- Zustand des Patienten
  → parenteral bei Bewusstlosigkeit
- Alter des Patienten
  → bei Kindern wird man versuchen, eine Injektion zu umgehen

4.3 Wirkung von Arzneimitteln

4.3.1 Pharmakokinetik

Definition was der Körper mit dem Arznei macht d.h. in welchem Ausmaß ein Wirkstoff verteilt, metabolisiert und eliminiert wird. Grundlage stellt die Auswertung dar von z.B. Konzentrationsverläufen, Ausscheidungsmengen und die Art der Ausscheidungsprodukte

Ziel Entwicklung, Formulierung und Dosierung neuer Therapeutika

Expositionsfaktoren zur Metabolisierung eines Wirkstoffes

- Gewicht, Geschlecht und Körpergröße:
  Verteilungsvolumen und Plasmaspiegelkurven für ein Medikament variieren

- Alter:
  - Säuglinge:
    eingeschränkte renale Eliminierung eines Medikaments aufgrund der noch vorhandenen Nieren-Entwicklung

  - Kinder:
    oft schnellere Elimination von Arznei als bei Erwachsenen

- Nikotinabusus, Ernährung und Konsum von Alkohol:
  z.B. Alkohol fördert Wirkung des Arzneimittels, da es die Metabolisierung hemmt, Koffein fördert ASS, fettlösliche Medikamente lösen sich nach einer fettreichen Ernährung besser auf

- Wechselwirkungen: mit anderen Medikamenten

- genetische Dispositionen:
  individuell, unterschiedliche Verstoffwechselung von Arzneien

- Krankheiten: (es besteht ein signifikanter Unterschied)
  - Niereninsuffizienz: verlangsamte Eliminationsrate (Halbwertszeit des Medikaments steigt)
  - eingeschränkte Leberfunktionen: schwerwiegende Metabolisierungsstörungen (schädliche Zwischenprodukte häufen sich an)
    → Urämie (vermehrt harnpflichtige Substanzen im Blut)

- Tageszeit:
  Körper arbeitet in Abhängigkeit der Tageszeit unterschiedlich
  → Verabreichung am Tag oder in der Nacht

- körperliche Aktivität: (Atmung und Blutfluss)
  aktiver Körper baut Medikamente effizienter ab als ein ruhender (Sympathikus statt Parasympathikus)

- physikalisch-chemische Eigenschaften der Medikamente:
  z.B. Löslichkeit, Bindung von Plasmaproteinen oder Diffusionsgeschwindigkeit

4.3.2 Weg eines Arzneimittels im Körper

1. Applikation = Verabreichung
- das Medikament wird appliziert (z.B. oral, subkutan, intravenös)
- allgemein: Applikationsform ist signifikant, wo und wieviel Medikament aufgenommen wird

2. Liberation = Freisetzung
- Zerfall und Freisetzung im Magen, außer wenn Wirkstoff in einer magensaftresistenten Hülle verpackt ist (z.B. bei proteinhaltigen Arznei)
  → wird erst im Dünndarm freigesetzt (Kohlenhydrate und Fette)

- in akuten Situationen:
  Arznei i.v. applizieren, da Freisetzung sofort ist (z.B. bei Schlangenbiss)

3. Resorption = Absorption
- Arznei werden häufig durch (Darm-)Membranen des Dünndarms in die Blutbahn resorbiert
  → Entstehung eines Blutspiegels

- wasserlösliche Medikamente:
  Darmvenen → Pfortader → Lebervenen → großer Blutkreislauf

- fettlösliche Medikamente
  Lymphgefäße → Milchbrustgang (Ductus thoracicus; größtes Lymphgefäß, das alle Lymphgefäße entlang des Thorax vereinigt) → großer Blutkreislauf

- **Resorptionshemmung bzw. -verzögerung** des Medikaments durch (...)
  - gleichzeitige Aufnahme von Nahrung
  - Entzündungen (verringern die Resorptionsfläche)
  - Retard- und Deportpräperate
  - sublingual [unter Zunge]: schnelle Resorption über Mundschleimhaut und Umgehung des GI-Traktes (z.B. Nitrospray bei Herzinfarkt)

4. Distribution = Verteilung

- Arznei verteilt sich über den Blutweg, damit es im ganzen Körper systematisch wirkt
- nicht alle Medikamente verteilen sich gleichmäßig
  - Ursache: unterschiedliche Durchblutung an der Resorptionsfläche → ungleiche Distribution

    manche Arznei binden nur an gewisse Rezeptoren
    z.B. Jod in der Schilddrüse
    oder sind im Blut an Eiweiße gebunden und lösen sich in Organen schlecht von ihrer Bindung

- Umbau in der Leber: Aktivierung bzw. Deaktivierung
  → Barrieren, wie die Blut-Hirnschranke, verhindern eine Passage wasserlöslicher Wirkstoffe

- gezielte Wirkung an nur einem Ort nicht möglich, aber z.B. bei Krebsmedikamenten wird dieser Effekt gezielt eingesetzt

5. Metabolismus bzw. Biotransformation
= Umwandlung in Dünndarm und Leber

die Umwandlung eines Arzneimittels zu Stoffwechsel-Endprodukten kann:

- toxische Stoffe erzeugen
- kann Enzyme und damit Stoffwechselvorgänge aktivieren *(indirekte Wirkung)*
- Mechanismen in Gang setzen, die die gezielte Ausscheidung ermöglichen

erkrankte Leber (Alkoholkonsum → Fettleber bzw. Leberzirrhose)

- kann diese Aufgabe nicht mehr erfüllen = Entstehung schwerwiegender Schäden (z.B. Leber ihre Synthese- und Metabolisierungsfunktion)
  → Anreicherung von Giftstoffen im Blut, Mangelerscheinung

6. Exkretion bzw. Elimination = Ausscheidung

- wasserlösliche Arzneimittel werden über die Niere (Nephron) eliminiert
- fettlösliche Arzneimittel nach Emulgation durch Gallensäure über Darm
- weitere Ausscheidungswege: Haut, die Lunge und die Muttermilch
- Eliminationsgeschwindigkeit (Clearance)
  - Abnahme der Konzentration innerhalb eines bestimmten Zeitraums
  - sehr unterschiedlich für verschiedene Arznei
    z.B. bei Niereninsuffizienz: Verzögerung und Verringerung der vollständigen Ausscheidung

    → der Stoff reichert sich im Körper an (z.B. bei Narkotika)

Wirkprofil

wird bestimmt durch die Art und den Ort der Wirkung eines Arzneimittels (z.B. welche/-s Organ/-e oder Strukturen werden beeinflusst ?). Die meisten Wirkstoffe wirken spezifisch. Ihre Wirkung ist weitgehend von der molekularen Struktur abhängig, da nur gewisse Rezeptoren mit ihnen in Verbindung treten können (vgl. Schlüssel-Schloss-Prinzip)

Dosis-Wirkungs-Beziehung

Wie stark sind die Effekte in Abhängigkeit von der Dosis ?
Welche Dosen sind toxisch ? („Die Dosis macht das Gift") z.B. muss eine doppelte Dosis nicht zwingend einen doppelt so großen Effekt haben (nicht-lineare Dosis-Wirkungs-Beziehung)

Plasmaspiegelkurven

Aufschluss über vorhandene Substanzmengen nach einer bestimmten Zeit

Halbwertszeit

Zeit, in der die Hälfte des vorhandenen Wirkstoffs eliminiert wurde

Clearance

alle Eliminationsvorgänge, die einen Wirkstoff eliminieren. Darstellung von Flüssigkeitsvolumen *(graphisch)* z.B. Plasma, dass pro Zeiteinheit von einer Substanz vollständig befreit wird
→ Maß für Funktionalität d. Elimination

Bioverfügbarkeit

Maß für die insgesamt in den Körper gelangte Substanzmenge. Wirkung und Clearance eines Arzneis gehen gleichzeitig vonstatten

$c_{(Einnahme)} > c_{(Blut)}$

<u>Beispiel: i.v.-Applikation</u>
keine Resorption
→ Bioverfügbarkeit ≈ 100 %

Mechanismen zur Resorption

- passive Diffusion (z.B. an Alveolen)
- Carrier-vermittelte Diffusion (z.B. Darm-, Magen- und Mundschleimhaut)
- aktiver Transport
- Phagozytose bzw. Pinozytose (Abbau von Wirkstoffen)

4.3.3 Pharmakodynamik

Pharmakodynamik	die Auswirkung eines Medikamentes auf den Körper

Bei den Wirkungen von Medikamenten unterscheidet man:

- Hauptwirkung (Ziel der Medikation, es sind mehrere HW möglich)
  → z.B. Analgetika (Schmerzmittel): schmerzlindernd, entzündungshemmend, fiebersenkend (z.B. ASS, Paracetamol, Ibuprofen)

- erwünschte NW:
  → juckreizstillende Medikamente machen müde. Bei Kindern jedoch ein Vorteil

- unerwünschte NW:
  → z.B. bestimmte Schmerzmittel lösen Kopfschmerzen, Übelkeit, Erbrechen aus oder Antiallergika machen müde

- schwerwiegende NW:
  → z.B. bei Opiaten, denn sie bergen Suchtpotenziale

Schwellendosis	die geringste Dosis, bei der erstmals eine Wirkung festzustellen ist
Maximaleffekt	die maximale Wirkung, die sich trotz Dosissteigerung nicht mehr erhöhen lässt
Überdosierung	Medikation im toxischen Bereich mit giftigen Nebenwirkungen. Dieser Bereich ist für jeden Menschen unterschiedlich, da die Ausprägung der Empfindlichkeit gegenüber einem Wirkstoff von Mensch zu Mensch verschieden ist

Toleranz

entspricht der Gewöhnung an ein Medikament. Bei wiederholter Zufuhr lässt die Wirkung des Arznei nach und für dieselbe Wirkung wird eine größere Menge an Wirkstoff benötigt. Grund ist häufig, dass sich bei wiederholter Medikamentengabe die Rezeptorenzahl vergrößert, d.h. um den gleichen Effekt am Rezeptor zu erzeugen, müssen mehr Medikamentenmoleküle an diesen binden

allergische Reaktionen:

- auch Medikamente können Allergien auslösen und dürfen dann auf keinen Fall mehr dem Patienten verabreicht werden
- eine Arzneimittelallergie kann sich unterschiedlich äußern:
  - Ausschlag, Juckreiz
  - Diarrhöe, Obstipation
  - Dyspnoe *(Atemnot)*
  - anaphylatischer Schock = lebensgefährlich

- zur Sicherheit wird ein Allgergiepass erstellt, den der Klient immer bei sich führen sollte

- **Beispiele für Arzneimittel, die häufige eine allergische Reaktion auslösen:**
  - Antibiotika, Penicillin, Pflaster, Heparin
  - Kontrastmittel, Thrombosestrümpfe

Wechselwirkungen:

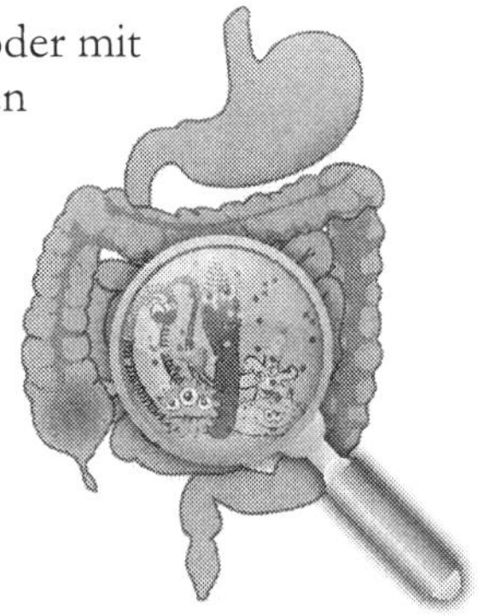

- Medikamente können mit anderen Medikamenten oder mit Nahrungsmitteln (z.B Vitamin D) Wechselwirkungen eingehen
- mögliche Folgen sind eine Verstärkung oder Abschwächung, eine Verkürzung oder Verlängerung der Wirkung eines Arzneimittels
- zudem kann die Biotransformation der Wirkstoffe angeregt werden, was zu einer raschen Eliminierung oder Unwirksamkeit führen kann
- auch die Hemmung der Biotransformation ist möglich
- der Wirkstoff verbleibt dann sehr lange im Körper

Stoff	Wechselwirkung	Beispiel
Alkohol	Erhöhung der Enzymkonzentration [Alkoholdehydrogenase] → beschleunigter Abbau von Tetracyclinen und Antikoagulanzien *(= geringe Bioverfügbarkeit)*	• Paracetamol = erhöhte Bildung von leberschädigenden Metaboliten [*Leberzirrhoserisiko steigt*]
	Hemmung der Alkoholdehydrogenase → retardierter Abbau von Alkohol und Akkumulation von Acetaldehyden ***Folgen:*** Nausea und Emesis	• Antibiotikum [Metronidazol]
	Aktivierung der Sternzellen = Stimulation der Fibrogenese in Hepar	• Methotrexat → irreversible Leberzirrhose
	bei akuten Alkoholkonsum = Hemmung des Abbaus und Verstärkung der sedierenden Effekte von Psychopharmaka [ggf. Atemdepression]	• Benzodiazepinen und Barbituraten
Calcium	Bildung von schwer löslichen Verbindungen in Kombination mit Arzneimitteln → starke Hemmung der Resorption im GI-Trakt	• Kombination mit Antibiotika wie Gyrasehemmer *z.B. Tetracyclin und Doxycyclin*
grünes Gemüse	Förderung der Gerringungsfaktoren durch Vitamin K, allerdings nur bei exzessiven Konsum von grünen Gemüse [*i.d.R. keine Nebenwirkungen*]	• Marcumar (Phenprocoumon) oder Warfarin
Koffein	Tannine binden im GI-Trakt Eisen[II]oxid oder Psychopharmaka → geringe Wirkung aufgrund mangelnder Resorption *(= niedrige Bioverfügbarkeit)*	• Eisenpräparate oder Antidepressiva
	Hemmung des Enzyms Cytochrom P 450 (= Wirkungsverstärkung des Koffeins) → Reduktion der HCl-Produktion oder Förderung der Wirkung *z.B. Herzrasen sowie Schlafstörungen*	• Kombination mit Gyrasehemmer oder Antihistaminika
	Hemmung der Cyclooxygenase (Analgetika) = *effektive Linderung von Migräne oder Kopfschmerzen*	• in Verbindung mit Paracetamol oder ASS
Antide-pressiva	Hemmung des Enzyms MAO [Abbau von Adrenalin, Noradrenalin, Tyramin] → stimmungsaufhellende und antriebsstarke Wirkung → ggf. hypertensive Krise mit lebensbedrohlicher Hypertonie und zerebralen Blutungen	• nicht selektive, irreversible MAO-Hemmer mit Kombination von Bier, Käse, Salami, Bananen, Schokolade u.A.

4.3.4 Placebo

Definition

- Scheinmedikament ohne Wirkstoff (z.B. Tabletten, Kapsel, Infusionslösung, Injektionslösung)
- der Einsatz wird kontrovers diskutiert

- eingesetzt i.d.R. bei
  - Arzneimittelprüfungen (randomisiert-kontrollierte Studien) oder
  - bei Patienten, die ein unbegründetes Verlangen nach einen Medikament haben *(Hypnotikum, Analgetika)*

Faktoren

- Beziehung bzw. Interaktion zw. Arzt und Patient
- Erwartungshaltung und Glaube an die Therapie
- positive Lernerfahrung bzw. psychologische Konditionierung
- Verpackung / Preis / Dosis-Menge / Handelsname
- Erkrankung bzw. Symptome, die starke Placeboeffekte auslösen

4.4 Umgang mit Arzneimitteln

4.4.1 Compliance, Adhärenz

Compliance

- kooperatives Verhalten des Patienten im Rahmen der Therapie
  - konsequentes Befolgen von ärztlichen Ratschlägen (= Therapietreue)

- gemäß WHO weisen durchschnittlich nur 50 % der Patienten eine ausreichende Compliance auf
- besonders wichtig bei chronischen Erkrankungen (Einnahme von Medikamenten), Befolgen einer Diät oder Veränderung des Lebensstils

Messung

- kein objektiver Maßstab, nur Abschätzungen anhand des Patientenverhaltens
  - Umfragen (Berichterstattung von Angehörigen u. Pflegern)
  - Blutwerte und Blutdruck messen
  - Kontrolle der Pilleneinnahme (Zählen)
  - Einschätzung des Arztes bzw. Apothekers (Kontrolle des Medikamentenerwerbs)
  - Beobachtung der Arznei-Einnahme

Faktoren bzw. Ursachen

- soziales Umfeld, ökonomische Verhältnisse
  - Religionszugehörigkeit, Armut, Umwissen, fehlende Ausbildung

- Persönlichkeitsstruktur
  - Selbstwirksamkeit und Überwindung fehlen (z.B. Rauchen aufhören, Abnehmen), Einsicht von Fehlverhalten

- krankheitsbedingte Faktoren
  - schmerzhafte Symptome
  - gefühlter Nutzen sehr gering

- Rahmenbedingungen, die das Gesundheitssystem vorgibt
  - mangelnde Kostenübernahme, keine Behandlungsmöglichkeiten

Förderung

- genauer Therapieplan
- Information über Krankheit und Therapie (Glaube an Therapieerfolg)
- einfache Gestaltung der Therapie
- Organisationshilfen für Pille, Kalender, Notizen
- Selbstuntersuchung von RR, Blutzucker
- regelmäßige Messung von Parametern durch den Arzt

1. **Schwierigkeiten bei der Medikation**
   - soziales Umfeld, schmerzhafte Symptome und ungewünschte Nebenwirkungen
   - Vergesslichkeit, Bequemlichkeit u. fehlendes Eingeständnis des Fehlverhaltens
   - unvollständiges Wissen über die Therapie

2. **Relevanz der Pflegekräfte zur Förderung von Compliance**
   - Bezugsperson, die Sicherheit und Vertrauen signalisiert
     → Organisationshilfen für Selbstmedikation *z.B. Kalender, Tagebücher, etc.*
   - Pflegekräfte sind in verschiedenen Settings tätig (ambulant, teilstationär)
   - Ansprechpartner für Fragen

3. **Patientenaufklärung**

Pflegekraft	Arzt
Patientenedukation • Umgang mit Krankheit im Alltagsleben • Vermittlung von fachkundige Informationen, Beratung und Schulung z.B. Tagebucheinträge oder Funktion eines Medikamentendispensers → Förderung der Selbstmanagement-kompetenzen des Patienten	Unterricht über die Art, den Umfang sowie den Grad seiner Erkrankung und gibt hierbei therapeutische Maßnahmen

4. **Maßnahmen zur Förderung der AZN-Compliance**
   - Wissensvermittlung über Fachinformation, Schulung und Beratung = Schlüsselfaktor
     → z.B. über Krankheit, Medikation, Hilfsmittel, Notfallmaßnahmen, Rufnummer
   - Glaube an Therapieerfolg
   - regelmäßige Messungen des RR, der Blutzuckerwerte oder von Parametern durch den Arzt
   - Erinnerungen, Unterstützung oder Motivation durch Familienangehörige oder Freunde

4.4.2 Missbrauch und Sucht

Medikamentensucht und -missbrauch

- Medikamentensucht = Arzneimittel wirkt auf die Psyche
- Medikamentenmissbrauch = Medikation bei nicht therapeutischen Zwecken

Ursachen

- häufig entsteht Medikamentensucht durch langfristige Verschreibung von Medikamenten
- Medikamentensucht ist abhängig von (...)
  - gesellschaftlichen Faktoren *(z.B. Unwohlsein in Umgebung)*
  - persönlichen Lehrerfahrung
  - Alter und Geschlecht

- sie entsteht schleichend (asymptomatisch), wird daher oft unterschätzt
- der Entzug äußert sich wie bei allen anderen Entzugsmaßnahmen

Suchtpotential

<table>
<tr><th>Substanzgruppe</th><th>Beispiel</th><th>Symptome</th></tr>
<tr><td>Analgetika, Opioide
(Schmerzmittel)</td><td>Morphin, Heroin (Paracetamol, Ibuprofen)</td><td>psychische und körperliche Abhängigkeit sowie eine Toleranzentwicklung.
Suchtpotenzial sehr hoch
Medikamenteninduzierter Kopfschmerz“ (dauerhafte Migräne)
<u>Entzugserscheinungen</u>: Zittern, Schlafstörungen, Unruhe, Verspannung</td></tr>
<tr><td>Sedativa, Hypnotika
(Dämpfende Mittel und Schlafmittel)</td><td>Valium®, Stilnox®</td><td rowspan="2">körperliche, als auch psychische Abhängigkeit.
Toleranzerhöhung (Dosis steigt)
Leistungseinbußen, Lethargie, Veränderung der Persönlichkeit
<u>Entzugserscheinungen:</u> Schwäche, Schwindel, Zittern, Schlafstörugen</td></tr>
<tr><td>Tranquilizer
(Entspannungs- u. Beruhigungsmittel)</td><td>Benzodiazepin</td></tr>
<tr><td>Hustenmittel mit Codein</td><td>Makatussin Codein® (z.B. Nasentropfen)</td><td>Suchtpotential schon nach fünf bis sieben Tagen (Teufelskreis)
Dauergebrauch kann die Schleimhaut der Nase stark schädigen</td></tr>
<tr><td>Anregungsmittel und Appetitzügler
(Psychostimulantien)</td><td>Amphetamine</td><td>Müdigkeit, psychomotorische Verlangsamung, Unruhe, Schlafstörungen sowie schwere Depressionen bis hin zur Suizidneigung</td></tr>
</table>

5. Einheit – Bedeutung der Entwicklung und Sozialisation für die Gesundheit

5.1 Sozialisation und Entwicklung

Sozialisation Prozess der subtilen Vermittlung von Werten und Normen sowie deren Verinnerlichung. Sie ist die Voraussetzung für menschliche Beziehungen und gesellschaftliches Zusammenleben. Dabei wirken soziokulturelle Faktoren auf die Entwicklung (Hineinwachsen in Verhaltens- und Erlebensnormen) eines Kulturkreises oder einer Gesellschaft

Beispiele für Verhaltensnormen (Sollregeln)

1. respektvolle Anrede (z.B. durch den Händegruß, Siezen)
2. nicht schmatzen oder mit vollem Mund reden
3. höfliches und seriöses Auftreten (z.B. im Restaurant oder Theater)

Vermittlung von Verhaltens- und Erlebnisnormen durch

- Vorbilder und Medien
- Eltern und weiteren Erziehungsautoritäten
- Kirche
- soziales Umfeld
- eigene Erfahrungen

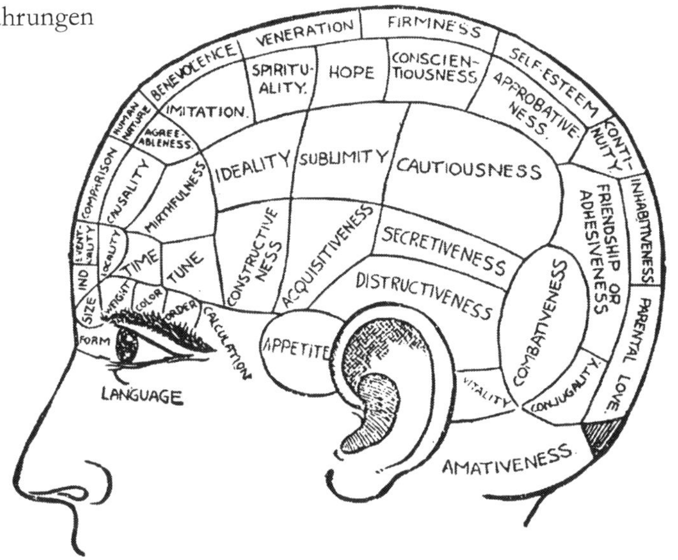

5.1.1 Motive für Sozialisation

Werte als Grundlage für Normen

- politisch: Einhaltung der Menschenrechte, freie Entfaltung der Persönlichkeit
- moralisch: Treue, Zuverlässigkeit, Gerechtigkeit, Rücksicht, Ehrlichkeit
- sozialpolitisch: Toleranz, Gleichheit, Freiheit, Solidarität, Leistung
- religiöse: Gottesfurcht, Nächstenliebe
- materiell: Wohlstand, Besitz
  = Rollen z.B. Erwartungen an eine Mutter, einen Lehrer oder Machthaber

Sozialisation ist ein lebenslanger Prozess

- Ziel:
  permanentes Behaupten und Hinterfragen der eigenen (subjektiven) Einstellungen und Identität

- Mittel:
  Auseinandersetzung mit sozialen Strukturen und Beteiligung an gesellschaftlichen Aktivitäten

Faktoren für Sozialisation

- Geschlecht
- körperlicher und geistiger Entwicklungsstand
- familiäre Situation
- soziales Milieu (Umgang, Sprache, Lebensstil)
- regionale und lokale Bedingungen
- gesellschaftliche, wirtschaftliche und politische Rahmenbedingungen

5.1.2 Entwicklung der Persönlichkeit

Einteilung

Sozialisations-stadium	Zeitraum	Entwicklung	Sozialisations-instanzen
primäres Stadium	erste Lebensjahre	grundlegende Verhaltensmuster (z.B. Gebote wie Stehl- und Tötungsverbot)	Familie, Alleinerziehende
sekundäres Stadium	Schulzeit	Verhaltensnormen für gesellschaftlichen Umgang (z.B. Respekt) und notwendige Fähigkeiten (z.B. Sprache, Mimik, Gestik)	Kindergarten, Schule, Uni, soziales Umfeld
tertiäres Stadium	während des gesamten Lebens	Selbstfindung, Bewältigung von sozialen und beruflichen Anforderungen	Leben im Alltag, d.h. permanenter Kontakt mit der Gesellschaft

Auswirkungen der Sozialisation = Entwicklung

- Prägung der (…)
  - sprachlichen Entwicklung
  - motorischen Entwicklung
  - geistigen Entwicklung und
  - seelischen Entwicklung

Sprachliche Entwicklung

- Alter: 1 bis 3 Jahren
- Ort: vorwiegend in der Familie (später: Schule, Freunde und Medien)
- Funktion: Sprachverständnis und Artikulation von Wissen, Persönlichkeit- und Meinungsbildung

Motorische Entwicklung

- die Motorik fördert Sinneswahrnehmungen der seelischen, psychischen und kognitiven Fähigkeiten
- sie ermöglicht es, bestimmte Handlungen positiv, schmerzfrei, sicher und geschickt auszuführen

seelische Entwicklung

- Fundament: Entwicklung von Empathie, Selbstwahrnehmung, Ausbildung der eigenen Identität

- Mittel: eigene emotionale Wahrnehmung (eigene Gefühle erkennen und ausdrücken) in Bezug zu den Wechselwirkungen mit der Umgebung (Angst, Aggression, Freude)

- Funktion: stabile Persönlichkeit beim Umgang mit Stress, widrigen Lebensumständen, hohen Anforderungen und Belastungen

→ Basis einer gut ausgeprägten Persönlichkeitsentwicklung

geistige Entwicklung

- Ausbildung von (…)
  - abstraktem Denken
  - Informationsaufnahme und -verarbeitung
  - Reflexion und Interpretation
  - korrelative Einordnung und Schlussfolgerung von Sachverhalten

  → Ausprägung in Form von Handlungsmuster

Zusammenspiel

- zwischen den verschiedenen Entwicklungsbereichen der Motorik, Kognitionen (Wahrnehmung, Gedächtnis), Emotion und Motivation bestehen wechselseitige Beziehungen, die das Verhalten und Erleben eines Menschen steuern
- dieses Zusammenspiel bildet die Grundlage des gesamten Entwicklungsgeschehens eines Menschen

5.1.3 Selbst- und Fremdbild

Selbstbild

- eigene Selbstempfindung
- misst sich am Idealbild

Selbstbild (Wirkung) vs. **Fremdbild** (Gegenwirkung)

- Triebfeder unserer Leistungsfähigkeit, psychischen Gesundheit und Beziehung gegenüber Mitmenschen
- Mittel: Selbstbild und Fremdbild in Einklang bringen
- Ziel: Streben steuert unser Denken, Fühlen, Verhalten und Motivation für unsere Entwicklung

Dimensionen des Selbstbildes

Elemente	Beschreibung
kognitiv	Kenntnis der eigenen Fähigkeiten, Eigenschaften und des eigenen Wesens
emotional	Maß an Selbstliebe, Selbstachtung und Selbstkritik, das das Handeln und die Motivation bestimmt
wertend	eigene Selbsteinschätzung und Einstellung zur eigenen Persönlichkeit

Kategorie	Inhalt	Beispiel
Wertigkeit	positiv, negativ, ambivalent	Ich sehe mich negativ und bin stets unzufrieden
Stabilität	konstante, fragile, flüchtige, wechselhafte Wertigkeit	empfindlich auf Kritik reagieren als Zeichen des fragilen und unsicheren Selbstbildes
Kongruenz	Übereinstimmung von Selbst- und Fremdbild, geringe Übereinstimmungen (Inkongruenz führt zu Dauerkonflikten)	Drogenabhängiger kann jederzeit aufhören Bulimie-Kranke fühlt sich zu dick

Ziel:
stabiles, positives und kongruentes Selbstbild (Korrektur und Stabilisierung des Selbstbildes)

Mittel:
wertschätzende Umgebung und Feedback (Rückhalt in Familie und sozialem Gefüge)

Fremdbild

- Grundlage: Fremdwahrnehmung, Wahrnehmungen und Bewertungen anderer Personen über einen selbst
- Funktion: Prägung unserer Erwartungen an eine bestimmte Person (z.B. Schüler, Lehrer, Polizist)
- Art der Mitteilung: Feedback, das unser Selbstbild prägt
- Beispiel:
  a) positives Fremdbild
  → Stärkung des Selbstbewusstseins und Selbstwertgefühls

  b) negatives Fremdbild
  → psychische Erkrankungen (z.B. Depressionen)
- Selbstbild und Fremdbild stimmen tatsächlich nie komplett überein

Methode zur Ermittlung des Selbst- und Fremdbildes

1. Teilnehmer wählen 5 oder 6 Adjektive von einer Liste aus, die ihre Persönlichkeit beschreiben
2. die restlichen Gruppenmitglieder wählen ihrerseits 5 bis 6 Adjektive aus, die ihre Kollegen definieren
3. Auswertung der Adjektive anhand des Johari-Fensters

- alternative Methode:
  - Geheimnisse preisgeben
    = Vergrößerung der Freiheit und des Handlungsspielraums in der Öffentlichkeit
  - Feedback über den „Blinden Fleck"
    = öffentliche Handlungsmuster wahrnehmen und ausführen
- Ziel:
  Vergrößerung des Bereichs des freien Handelns und Verkleinerung des Bereichs des Unbekannten und Blinden
  = Unbewusstes bewusster und handhabbarer machen
  → Steigerung der gegenseitigen Kenntnis, des Handlungsspielraums und der Achtsamkeit, um Konflikte zu umgehen

5.1.4 das Johari-Fenster

Johari-Fenster — Darstellung von Anteilen bewusster und unbewusster Persönlichkeits- und Verhaltensmerkmale

4 Bereiche einer Persönlichkeit:

- Teil A: „freies Handeln"
  - ist der eigenen Person und anderen bekannt
  - z.B. Aktivitäten, öffentliche Sachverhalte und Tatsachen

- Teil B: „blinder Fleck"
  - Anteile des Verhaltens, die man selbst wenig, andere aber sehr deutlich wahrnehmen
  - z.B. Arroganz

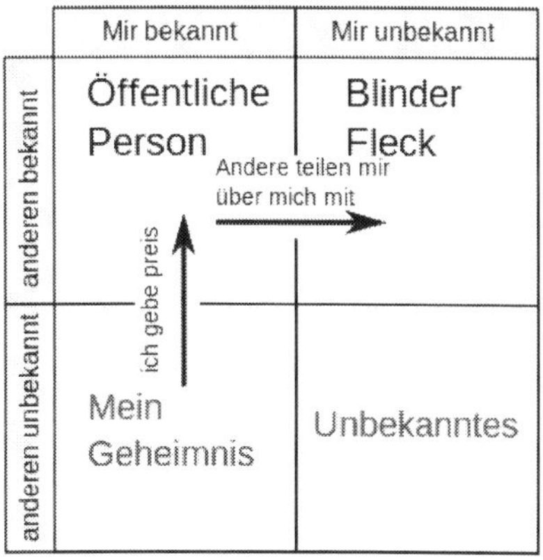

- Teil C: „private Person"
  - nur der eigenen Person bekannt
  - Teile des Denkens und Handelns, die bewusst vor anderen verborgen werden
  - z.B. Neid

- Teil D: „Unbewusstsein"
  - weder einem selbst noch anderen Personen unmittelbar zugänglich z.B. verborgene Talente

Vergleich zum Eisberg-Modell

- der größte Teil einer Persönlichkeit ist tief verborgen
- um diesen zu erfassen, muss man „tief" tauchen
- Auswertung des Johari-Fensters + gutes Feedback
  = Annäherung von Selbst- und Fremdbild

5.1.5 vier Seiten einer Nachricht (Schulz von Thun)

Grundlage:

jedes in einer zwischenmenschlichen Kommunikation gezeigte Verhalten wird auf einer der vier Ausdrucksebenen übermittelt (...)

1. Sachebene
   Äußerung von rationalen, nüchternen Informationen bzw. Fakten
   z.B. „die Ampel ist grün“

2. Appellebene
   der Sender fordert den Empfänger zum Handeln
   z.B. „fahr los, gib Gas“

3. Selbstoffenbarung
   was der Sender über sich preisgibt
   z.B. „Ich möchte schnell nach Hause“

4. Beziehungsebene
   wie die Beziehung zum Empfänger steht
   z.B. „Ich traue dir nicht zu, dass du ohne mich Auto fahren kannst“

Ursache:
Empfänger und Sender deuten Nachricht auf unterschiedlichen Ebenen
→ Missverständnisse, evtl. Beeinträchtigung der seelischen Gesundheit

Ziel:
Analyse und Bewältigung von Kommunikationsproblemen und Konflikten

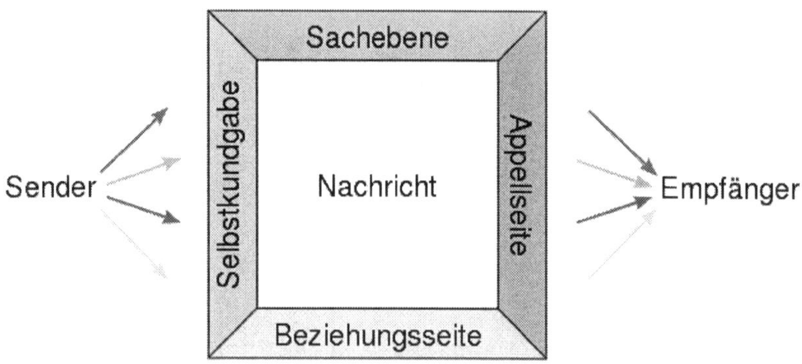

5.1.6 Folgen unzureichenden Sozialisation

Folgen einer unzureichende Sozialentwicklung eines Kindes
- mangelnde Artikulation, keine Möglichkeit zur Auseinandersetzung
- unvollständige Wissensvermittlung und Auffassungsvermögen
- soziale Isolation
- psychosomatische Erkrankung
  → geistige Retardierung

Förderung der Sprachentwicklung eines Kindes
- viele Gespräche führen, gestikulieren, singen und reimen
- Lesen, Vorlesen, Hören und Auswendig lernen von Texten

5.1.7 Beispiel einer fehlgelaufener Sozialisation (rumänische Waisenkinder)

Hintergrund bzw. Ursache:
- während des Kalten Krieges *(bis 1990)* unter der Diktatur Ceausescu
- Familienpolitik mit mangelnder, staatlicher Förderung der Waisenhäuser
  - Stille; keine persönliche und verbale Interaktion
  - verlassen und verloren eingeschlossen, meist zu Zehnt in einem Raum
  - sozial, verwahrloste Kinder, die teilweise im eigenen Kot und verfaulten Stroh saßen und sich apathisch hin und her bewegten
  - katastrophale medizinische Versorgung (das Betäubungsmittel Phenobarbital wurde häufig eingesetzt)

Folgen:
- soziale Vernachlässigung erst um 1990 aufgeklärt nach Exekution Ceausescus
- seelische und psychosomatische Schäden z.B. IQ unter 74 *(kaum besser als Wert geistig Behinderter)*
  → Defizite im Sprachvermögen: Wortschatz, Grammatik, Sprachverständnis

- Kinder ohne Ausbildung, ohne Geld und ohne Zukunftsperspektive wurden ohne Fürsorge auf die Straße gestellt
- aufgrund geistiger und seelischer Veränderungen, scheiterten an ReIntegration in die Gesellschaft
  → tendenzielle Entwicklung zu Kriminellen bzw. Prostituierten

- wer beim Wechsel in die Pflegefamilie älter als zwei Jahre gewesen war, profitierte enttäuschend wenig von der Fürsorge der Pflegeeltern, nur ein kleiner Teil konnte ihre Fehlentwicklung umgehen
  → Grund: synaptische Verknüpfungen in ersten Lebensjahren, die zur geistigen u. seelischen Entwicklung und Persönlichkeit beitragen. Ohne soziale Einflüsse/Stimulation der Nervenzelle *(z.B. Erlebnisse, Anregungen, Freude)* verkümmert es statt sich zu vernetzen

5.1.8 psychosomatische Störungen

Suchterkrankungen

- stoffgebundene Sucht
  - Alkohol-, Medikamenten-, Drogen- und Nikotinabhängigkeit

- stoffungebundene Sucht
  - Spielsucht, Internetsucht
  - Arbeitssucht, Essstörungen

- Folge:
  - persönlichkeitsverändernde Wirkungen
  - Toleranzentwicklung

Essstörungen

- häufigste psychosomatische Erkrankung
- Einteilung:
  - die Magersucht (Anorexia nervosa)
  - die Ess-Brech-Sucht (Bulimie)
  - die Adipositas (Übergewicht, Binge-Eating-Disorder)

- Ursache:
  - psychosoziale Faktoren führen zu unbewussten Lösungswegen
  - Ausweg
  - Flucht
  - Ersatz für verdrängte Gefühle

Schutzfaktoren und Ressourcen

- ökonomische Stabilität
- Familie und soziale Kontakte
- Freizeitgestaltung
  - autogenes Training
  - progressive Muskelrelaxation

5.2 Gesundheitsbildung

5.2.1 Motivation

fünf Bedürfnisse (Motivation) nach Maslow

1. physiologische Grundbedürfnisse
   - sie stehen immer im Vordergrund und behalten das gesamte Leben einer Person hindurch ihre vorrangige Bedeutung
   - Atmen, Essen, Trinken, Schlafen, Ausscheiden

2. Sicherheit
   - Gewährleistung der finanziellen und sozialen Sicherheit
   - Arbeitsplatz, Rechtssicherheit, Gefahrenabwehr oder -vermeidung
   - diese Bedürfnisse lassen sich schon im Säuglingsalter beobachten

3. Liebe und Zuneigung (soziale Bedürfnisse)
   - Wunsch, Beziehungen bzw. Freundschaften zu anderen Menschen (Partnerschaft, Eltern, Kinder, Nachbarn) aufzubauen und zu erhalten

4. Wertschätzung und Anerkennung
   - Wunsch nach Selbstachtung
   - Stärke, Status, Macht, Ruhm, Respekt

5. Selbstverwirklichung und Sinnesfindung
   - Entfaltung der individuellen Anlagen und Fähigkeiten
   - Religion, Philosophie
   - Bedürfnis nach Information und Wissenszuwachs

Bedürfnispyramide nach Maslow:

Quelle: https://upload.wikimedia.org/wikipedia/commons/5/56/Maslow_Bedürfnispyramide.svg; unverändert

5.2.2 Lernen

Konditionierung — Verstärkung einer Reaktion, die unter normalen Umständen nicht von statten gehen würde

klassische und operante Konditionierung

klassisch	operant
• Neuverknüpfung eines Reizes (neutralen Stimulus) mit einem Reiz der eine angeborene bzw. unkonditionierte Reaktion auslöst • Wiederholung der Kopplung eines neutralen Reizes mit dem unkonditionierten Reiz • Beispiel: unkonditionierter Reaktion ist die Absonderung von Speichel beim Anblick von Futter etwa beim Hund → Kopplung des Futters mit Glockenton → nach einiger Zeit Absonderung von Speichel nur durch Darbietung des Glockentons	ursprünglich spontanes Verhalten wird je nach Erfahrung (Belohnung; Bestrafung) zielgerichtet verstärkt oder vermieden

Habituation und Sensitivierung

Habituation	Sensitivierung
Reiz löst Aktionspotentiale an der sensorischen Nervenzelle aus, der über ein Interneuron an eine motorische Nervenzelle weitergeleitet wird • mit zunehmender Wiederholung des gleichen Reizes, der sich als unbedeutend erweist, reduziert sich die Bereitschaft auf diesen Reiz zu reagieren • Grund: in der Präsynapse befinden sich immer weniger Vesikel mit Neurotransmittern	bei Wiederholung eines Reizes, wird die **Reaktion verstärkt** • wiederholter Reiz führt zur Aktivierung des Interneurons über die sensorische Zelle, das zu Veränderungen in der sensorischen Präsynapse führt

Lernen am Modell

Aneignungsphase:

1. Aufmerksamkeitsprozesse
2. Gedächtnisprozesse

Ausführungsphase:

1. Reproduktionsprozesse
2. Motivationsprozesse

Lernen durch Einsicht (kognitive Lerntheorie)

unbekannte Problemsituationen werden durch Nachdenken erfasst

Phasen	kognitive Lerntheorie
1. Auftauchen des Problems	• Diskrepanz zwischen Ist- und Soll-Zustand erzeugt Spannung = **Motivation**
2. Problemverhalten	• Ausprobieren bekannter Handlungsstrategien • Misserfolg führt zur Handlungspause
3. Umstruktierung	• kognitive Umstrukturierung des Situationsgefüges durch Nachdenken
4. Einsicht und Lösung	• sinnvolle Anfertigung eines Plans zum Erreichen des Ziels
5. Anwendung	• Beibehaltung bei Erfolg
6. Übertragung	• zielstrebige Ausführung der gefundenen Lösung • Übertragung auf ähnliche Problemsituationen

6. Einheit – gesundheitswissenschaftliche Forschung

6.1 der Forschungsprozess

6.1.1 Motive für gesundheitswissenschaftliche Forschung

gesundheitswissenschaftliche Forschung dient dazu (...)
- Sachverhalte zu erkennen und zu beschreiben
- Zusammenhänge zu ermitteln
- Prophylaxe gezielt zu gestalten
- Entwicklungen zu prognostizieren und dem entgegenzuwirken
- über fundierte gesundheitliche Expositionsfaktoren aufzuklären

empirische Sozialforschung	lat. empirie = Erfahrungen, Erlebnisse beobachtbares Verhalten von Menschen bei gesundheitlicher Untersuchung

6.1.2 allgemeiner Ablauf eines Forschungsprozesses

1. **Problembeschreibung**
   ein Problem der realen Welt wird möglichst genau beschrieben

2. **Postulieren einer konkreten Forschungsfrage**
   - Zusammentragen vorhandener Informationen aus der Literaturrecherche
   - Aufstellen einer Forschungsfrage über ein bisher nicht erleuchtetes Thema

3. **Hypothesenbildung**
   begründete Vermutung der Forschungsfrage, die bestätigt oder widerlegt (falsifiziert) werden soll

4. **Methodenwahl**
   - Wahl einer geeigneten Methode zur Datenerhebung
   - die Auswahl ist abhängig von der Fragestellung

5. **Datenerhebung**
   Gewinnung von Daten gemäß der gewählten Methode

6. **Aufbereitung und Zusammenfassung**
   Zusammenfassung der Daten in Grafiken, Tabellen, Schaubildern, etc.

7. **Interpretation der Ergebnisse und Ausblick**
   mithilfe der Ergebnisse wird die Forschungsfrage beantwortet (Bestätigung oder Widerlegung der Hypothese)

6.1.3 Gütekriterien

Bedeutung:
Studien sind aussagekräftig, wenn sie ein hohes Maß an Gütekriterien erfüllen
→ Störfaktoren sollten möglichst eingedämmt werden

Gütekriterium	Beschreibung
Objektivität	• besagt, dass jeder, der den Test durchführt, auswertet und interpretiert, zu demselben Ergebnis kommen muss → d.h. unabhängig von persönlichen (subjektiven) Eindrücken und Bewertungen • Überprüfung: Ergebnisse müssen aus mehreren Beobachtungen angefertigt werden, sodass diese allgemeingültig sind
Reliabilität	Zuverlässigkeit der Ergebnisse • kennzeichnet die Genauigkeit, mit der der Test ein bestimmtes Merkmal misst, unabhängig davon, ob er dieses Merkmal auch messen soll • der Test ist so ausgelegt, dass bei unterschiedlichen Probanden oder Proben zuverlässig die gleichen Eigenschaften gemessen werden • wird der Test verlängert, so verbessert sich seine Reliabilität, durch Verkürzung verschlechtert sie sich • Überprüfung: der Test wird mit der gleichen Versuchsperson 2 Mal durchgeführt und die Testergebnisse miteinander verglichen, wobei in beiden Versuchen ähnliche Ergebnisse erzielt werden sollten (Retestreliabilität)
Validität	inhaltliche Gültigkeit der Versuchsergebnisse • ein Test mit hoher Validität gibt an, dass er auch das misst, was er zu messen vorgibt • ein valider Test, der Herzinsuffizienz misst, sollte demnach das Konstrukt Herzinsuffizienz erfassen und nicht etwa das latente Konstrukt Luftnot

Ermittlung des Grades von Gütekriterien:
- Welche Störfaktoren treten auf ?
- Wie sind diese einzuordnen ?

Beziehung der Testgütekriterien zueinander

die Gütekriterien sind voneinander abhängig (Hierarchie der Gütekriterien)

- eine hohe Objektivität ist die Grundlage für eine gute Reliabilität
- eine hohe Reliabilität ist notwendig, um eine hohe Validität zu erhalten
- Messfehler gehören dazu, weil alle Testwerte stets fehlerbehaftet sind

Korrelationskoeffizient (Zusammenhangsfaktor)

- positiver linearer Korrelationskoeffizient (z.B. 0,8)
  ein starker Effekt einer Variable führt zu einem starken Effekt einer anderen Variable (z.B. Muskelquerschnitt und Kraft)

- negativer linearer Korrelationskoeffizient (z. B. -0,8)
  ein starker Effekt einer Variable führt zu einem niedrigen Effekt einer anderen Variable (z.B. Finanzkrise und steigender Goldpreis)

- niedriger Korrelationskoeffizient (z. B. 0,1)
  geringe Korrelation bzw. Zusammenhang bei Veränderungen

→ Korrelationskoeffizienten geben keine Auskunft über die Ursache, d.h. warum eine Variable die jeweils andere beeinflusst

Bewertung von Studien nach (...)

- Titel
- Abstract
- Einleitung
- Material bzw. Methode
- Ergebnisse
- Diskussion und Schlussfolgerung
- Literaturverzeichnis
- Gütekriterien (Validität, Reliabilität, Objektivität)
- Größe der Stichprobe

6.1.4 Studiendesign: Qualitativer u. quantitativer Forschungsprozess

	qualitatives Studiendesign	quantitatives Studiendesign
Inhalt bzw. Ziel	• Identifizierung von Phänomenen • Verbalisierung der Erfahrungen: Untersuchung von subjektiven und individuellen Erkenntnissen über Einstellungen u. Verhalten = empirisch • Subjektivität: Mensch, Kommunikation und Interaktion sind im Mittelpunkt	• Klärung kausaler Beziehungen • Objektivität: Untersuchung von objektiven Merkmalen und Handlungsmustern mittels experimenteller Studien • Aufstellen von allgemeingültigen Fakten und Gesetzmäßigkeiten
allg. Ausrichtung	• Ausrichtung auf Gefühle von Personen	• Ausrichtung auf die Messung von Veränderungen einer Variable
Forschungsdesign	Untersuchung in **grand theory**: phänomologisch- hermeneutischer Forschungsansatz	Untersuchung in randomisiert-kontrollierten Studien • Laborexperiment (künstliches Experiment) vs. • Feldexperiment
Methode	zirkulärer Ablauf: 1. Auswahl des Verfahrens 2. Auswahl der Personen 3. Datenauswertung bzw. Theorieentwicklung 4. Datenerhebung 5. siehe 1. → nicht standardisierte Daten	linearer Forschungsprozess: • Formulierung der Hypothese • Vorbereitung: - Auswahl von Verfahren und Personen • Datenerhebung • Datenauswertung bzw. Prüfung von Hypothesen • Berichterstattung → statistisch repräsentative Daten
Datenerhebung	• Beobachtung, Befragungen • Inhaltsangaben von Literatur	• Blindstudie • Laborexperiment
Hypothese	• Festlegung einer allgemeingültigen Aussage → induktives Vorgehen	• Überprüfung der Hypothese → deduktives Vorgehen
Datenauswertung	• Interpretationen	• statistische Auswertung

	qualitatives Studiendesign	quantitatives Studiendesign
Darstellung des Ergebnis	• Erzählstil	• Tabellen, Grafiken
Qualität der Studie	gewährleistet durch • Sorgfalt der Dokumentation, • Alltagsnähe, Kontrollverfahren	• ist hochwertig, wenn Störfaktoren eliminiert sind
Güte-kriterien	• Verfahrensdokumentation	• Objektivität, Validität, Reliabilität
Beispiel: Effizienz der Lehre	Sozial- und Geisteswissens: • Forscher befragen einzelne Studenten eines Semesters, wie sie die Lehre ihrer Professoren bewerten	Naturwissenschaften • Forscher erfassen den Aufwand für die Lehre im Verhältnis zur Erfolgsquote bzw. Testergebnisse der Studierenden im späteren Beruf

6.1.5 Hypothesenbildung

Falsifikation — die Hypothese muss so formuliert werden, dass sie auch widerlegbar ist. Dies dient den Wahrheitsgehalt der Hypothese zu verifizieren

probabilistische Hypothese — eine hypothetische Aussage, die nur einen gewissen Wahrscheinlichkeitsgehalt inne hat

Nullhypothese — Ausgangsposition, die bestätigt oder durch eine alternative These widerlegt wird

Alternativhypothese — alternative Position, die der Nullhypothese entgegen steht, d.h. wenn die Nullhypothese widerlegt wird, gilt die Alternativhypothese

6.1.6 Arten von Messvariablen

unabhängige Variable

- Ursache bzw. Einflussfaktor, der untersucht werden soll
- sie ist beliebig veränderbar

- Beispiel: das Medikament, das Kopfschmerzen reduziert

abhängige Variable

- die Folge bzw. Auswirkung der unabhängigen Variable

- Beispiel: die verschwundenen Kopfschmerzen durch das Medikament

Mediatorvariable (intervenierende Variable)

- sie beeinflusst andere Variablen, indem sie die Wirkung der unabhängigen Variablen auf die abhängige Variable vermittelt

- Beispiel: das Trinken von Wasser verbessert die Aufnahme vom Medikament

Moderatorvariable:

- Bedingung, die dafür sorgt, dass bestimmte Ursache-Wirkungs-Beziehungen unterschiedlich stark ausgeprägt sind

- Beispiel: Geschlecht z.B. wirkt das Medikament bei Frauen besser

Störvariable

- sie beeinflusst (stört), unabhängig der Variablen, den zu messenden Effekt

6.1.7 Methoden der Datenerhebung

1. **Stichproben**
   - Grundlage: Zufallsprinzip (Randomisierung)
   - Vorteil: große Bandbreite einer Personengruppen (z.B. Alter, Einkommen)
   - je größer die Stichprobe, desto stärker ist die Aussagekraft über die Allgemeinheit

2. **Beobachtungen**
   - Alltagsuntersuchung, um tatsächliches Verhalten der Menschen zu ermitteln
   - Beobachter darf nicht zur Gruppe gehören
   - meist mehrere Beobachter nötig

3. **Befragungen**
   - mündlich z.B. Interviews
   - schriftlich z.B. Fragebögen
   - offene Antworten vs. vordefinierte Antworten
     (z.B. stimmt bzw. stimmt nicht)
     - Voraussetzung: Eindeutigkeit, Verständlichkeit, Prägnanz von Fragebögen

4. **Experiment**
   - Feldexperiment (qualitativ; Datenauswertung durch Interpretation) oder
   - Laborexperiment (quantitativ; statistische Datenauswertung)
   - mehrere Durchführungen bei mehreren Gruppen nötig
     - unerlässlich ist eine Kontrollgruppe (ohne Veränderung der Variable)
     - Versuchsgruppe (mit Veränderung einer Variable)

Bewertung der Methoden

Methode	Vorteil	Nachteil
Stichproben-nahme	• Objektivität, Validität und Reliabilität gewährleistet, wegen (...) - mehrerer Stichproben - unterschiedlicher Bedingungen	• sollte repräsentativ für den zu untersuchenden Aspekt sein **= Gefahr der Selektion** • sollte mehrmals in untersch., aber vergleichbaren Bedingungen gewonnen werden
Beobach-tungen (Feld- und Laborbeo-bachtung)	• erhöhte Objektivität • offene und geschlossene Fragen	• aufwendig • einseitig, da nur Verhalten untersucht wird • Beobachter kann Verhalten von Menschen verändern • Mittel: verdeckte Methode, um Beeinflussung zu meiden
Befragungen (Interviews, Fragebogen)	• sinnvoll bei sozialen Daten im Bereich der Einstellung, Meinungen, Befindlichkeiten, Erfahrungen	• Ergebnisse oft verfälscht, da Antworten oft an ein konkretes Verhalten gekoppelt sind • Antworten und Abstufungen sagen wenig aus • offene Antworten schwer zu definieren
Experiment	• geeignet bei Untersuchung einer Einflussgröße auf ein best. Verhalten • Gütekriterien werden erfüllt	• Umweltfaktoren (Feldexperiment) sind nicht konstant = Störfaktoren modifizieren v.a. die Validität • Ausblendung der Störfaktoren schwierig

6.1.8 Aufbereitung und Interpretation von Daten

Methoden zur Datenaufbereitung:

- Tabellen oder Grafiken
- interessante Kennwerte
  - Durchschnitt, Minimum, Maximum
  - Standardabweichung

Zwei Ansätze , die sich aus Fragestellungen und Studienkonzept ergeben:

1. **Induktiv (Qualitativ = Hinführung)**

- von einzelnen Beobachtungen oder Aussagen auf das Allgemeine schließend
- Beispiel: aus Beobachtungen von Einzelfällen werden allgemeingültig Theorien und Konzepte abgeleitet
- interpretierende Datenauswertung
  = **Theorieentwicklung**

→ induktive Forschung, um neue Fragestellungen zu postulieren

2. **Deduktiv (Quantitativ = Herleitung)**

- vom Allgemeinen auf das Einzelne schließend
  d.h. Beweisführung führt von allgemeinen Fall zum speziellen Fall
- Beispiel: aus einem oder mehreren Einzelfällen werden Schlussfolgerungen gezogen
- aufgestellte Hypothese wird mittels Forschung bestätigt oder widerlegt
- statistisch-mathematische Auswertung
  = Theorieüberprüfung

→ deduktives Auswerten = Überprüfung einer Frage

6.1.9 evidence-based-medicine (evidenzbasierte Medizin, EBM)

Definition

diagnostische und medizinische Maßnahmen auf Grundlage aktueller und bestmöglicher wissenschaftlicher Erkenntnisse. D.h. Ärzte treffen ihre Entscheidungen nicht per Bauchgefühl, sondern handeln gemäß der Leitlinien, welche die aktuellsten wissenschaftlichen Erkenntnisse bzgl. Diagnostik und Therapie darstellen

Ziel:
neuste, best verfügbare Forschungsergebnisse fließen in die medizinische Therapie
→ systematisch entwickelte Entscheidungshilfen für konkrete Fragestellungen

Mittel:
Ärzte und Pflegepersonal müssen in der Literatur die überzeugendsten und verlässlichsten Studien suchen und deren Erkenntnisse in ihre Behandlung mit einbeziehen

Beurteilung von Studien z.B. RCT's
die Qualität der Studie wird v.a. durch die Gütekriterien bestimmt
→ Forschungsergebnisse müssen alle Kriterien: Objektivität, Reliabilität und Validität erfüllen

Kritik an Evidence-based-Practice

- Überbewertung des quantitativen Forschungsansatz (nicht Berücksichtigung individueller Fertigkeiten)
- fehlende zeitliche und personelle Ressourcen in der Praxis
- fehlender bzw. kostenaufwendiger Zugang zu wissenschaftlichen Forschungsergebnissen
- wissenschaftliche Standardisierung und Vernachlässigung von Erfahrungswissen

6.1.10 diagnostische Test – Verlässlichkeit eines Test

Verlässlichkeit eines Test z.B. von klinischer Diagnostik

- z.B. Röntgenbilder, Blutwertbestimmungen, Blutbild, Hörtest, Sehtest, EKG, Blutdruckmessung, etc.
- richtige Auswahl von bestimmten Untersuchungsverfahren bzw. -geräten für jeden Fall, d.h. von Erkrankung abhängig

Die Güte eines Tests, d.h. seine Reliabilität und Validität werden dabei von zwei Kriterien bestimmt:

1. **Sensitivität** [Empfindlichkeit]

gibt die Wahrscheinlichkeit an, mit der eine **tatsächlich erkrankte Person einen positiven Befunden erhält**, d.h. entweder als

- **falsch negativ** (Patient ist krank, wird aber als gesund erkannt) Befund
- **falsch positiv** (Patient ist gesund, wird aber als krank erkannt) Befund
- **richtig positiv** (Patient ist krank, wird auch tatsächlich als krank erkannt) Befund

Berechnung:
die Anzahl der Personen, die mit dem Test als tatsächlich positiv (krank) ermittelt wurden, geteilt durch die Gesamtanzahl der Kranken

→ Sensitivität = richtig Positive / (richtig Positive + falsch Negative)

2. **Spezifität**

gibt die Wahrscheinlichkeit an, dass ein **tatsächlich Gesunder durch den Test auch als gesund erkannt wird**, d.h. einen negativen Befund erhält, entweder (…)

- einen **falsch negativen** Befund oder
- einen **falsch positiven** Befund

wird anhand von Gold-Standards bemessen
→ Genauigkeit: zwischen zwei Dingen differenzieren

Berechnung:
die Anzahl der Personen, die per Diagnose als richtig negativ (gesund) ermittelt wurden, geteilt durch die Gesamtzahl der Gesunden

→ Spezifität = richtig negativ / (falsch positiv + richtig negativ)

Beispiel: 300 von 400 Personen werden mit Malaria diagnostiziert
Spezifität = 300 / 400 = 0,75

→ unter allen Gesunden erhalten 75 % ein richtig negatives Ergebnis und werden als gesund erkannt
→ hingegen bekommen 25 % der Gesunden ein falsch positives Ergebnis und werden unnötig therapiert bzw. verängstigt (mangelhafte Spezifität)

Anmerkung

- in der Realität gibt nicht jedes Testergebnis den korrekten Krankheitszustand an, da nicht alle Gesunden richtig negative und alle Kranken richtig positiv getestet werden
- ein Test hat nie eine Sensitivität und Spezifität von jeweils 100 %
  → Sensitivität und Spezifität stechen sich gegenseitig aus

Sensitivität und Spezifität stechen sich gegenseitig aus, sodass folgendermaßen argumentiert werden kann

PRO: hohe Sensitivität	PRO: hohe Spezifität
• kein Krankheitsfall soll übersehen werden • Krankheiten sollen ausgeschlossen werden (= **Auschluss-Test**) • negativer Test ist hilfreich zum Ausschluss einer Krankheit • bei Krankheiten mit gravierenden Folgen • es existieret eine erfolgversprechende Therapie, weil die Krankheit sicher diagnostiziert wurde *(Therapie bei Gesunden wäre nicht erfolgsvorsprechend)* • falsch-positive Befunden lassen sich einfach klären	• kein Gesunder soll einen falschen positiven oder falsch negativen Befund bekommen • Verdacht soll bestätigt werden (= **Bestätigungstest**) • positiver Test ist hilfreich zur Absicherung der Diagnose • die Therapie führt zu hohen Belastungen beim Patienten oder im Gesundheitswesen • Nachfolgeuntersuchungen gehen mit psychischen Belastungen einher • es bedarf keiner erfolgversprechenden Therapie weil keine Krankheit vorliegt

Prädikationswerte geben die Wahrscheinlichkeit an, dass ein Testergebnis zutreffend ist d.h. wenn der Test positiv ausfällt, wie hoch die Wahrscheinlichkeit ist, dass dieses Ergebnis auch stimmt

1. **positiv prädiktiver Wert**
   - gibt an, mit welcher Wahrscheinlichkeit bei einem **positiven** Testergebnis (krank) auch in Wirklichkeit eine **Krankheit zugrunde liegt**
   - der positiv prädiktive Wert ist damit abhängig von der Prävalenz (der Zahl der Erkrankten)
   - Berechnung:
     die Anzahl der Personen, die im Test als richtig positiv (krank) ermittelt wurden, geteilt durch die Anzahl aller Personen, die ein positives Testergebnis erhalten haben

2. **negativ prädiktiver Wert**
   - gibt an, mit welcher Wahrscheinlichkeit bei einem **negativen Testergebnis** (gesund), der **Patient auch wirklich gesund** ist
   - Berechnung:
     die Anzahl der Personen, die durch den Test als richtig negativ (gesund) ermittelt wurden, geteilt durch die Gesamtzahl der Personen mit negativem Testergebnis

Vierfeldertafel zur Berechnung von Verlässlichkeiten und Prädiktionswerten

Diagnose	tatsächlich positiv (krank)	tatsächlich negativ (gesund)	insgesamt
positiv (krank) diagnostiziert	Entscheidung richtig positiv A	Entscheidung falsch positiv B	positiver prädiktiver Wert A / (A + B)
negativ (gesund) diagnostiziert	Entscheidung falsch negativ C	Entscheidung richtig negativ D	negativer prädiktiver Wert D / (C + D)
insgesamt	A + C Sensitivität: A/(A + C)	B + D Spezifität: D/(B + D)	

6.2 Epidemiologie

6.2.1 Definition

Ziel:
- Rückschlüsse auf die Ursachen für das Auftreten von Krankheiten zu erkennen
- Risikofaktoren einzuordnen und daraus Prognosen abzuleiten, um Präventionsmaßnahmen zu ergreifen

Unterschied zur Medizin
- Medizin: befasst sich mit den Erkrankungen einzelner Menschen (Patienten)
- Epidemiologie: untersucht das Auftreten von Erkrankungen in einer ganzen Bevölkerungsgruppe

6 wichtige Themengebiete: die 6 D's
1. death – Tod
2. disease – Krankheit
3. discomfort – Unwohlsein
4. disability – Einschränkung körperlicher und sozialer Funktionen
5. dissatisfaction – Unzufriedenheit
6. destitution – Verarmung

6.2.2 Maßzahlen der international einheitlichen Quantifizierung

1. **Prävalenz**
    - Anzahl der von einer bestimmten Krankheit betroffenen Menschen bezogen auf eine Stichprobe bzw. eine definierte Bevölkerung
      = Auskunft über die Verbreitung von Krankheiten

    - Berechnung: Anzahl der Betroffenen / Gesamtpopulation

2. **Inzidenz**
    - Anzahl der Neuerkrankungen innerhalb eines bestimmten Zeitraums
    - Wahrscheinlichkeit des Auftretens einer Erkrankung innerhalb des definierten Zeitraums

    - Berechnung: Anzahl der Neuerkrankungen / Gesamtpopulation

3. **Mortalität**
    - die Anzahl der Sterbefälle innerhalb einer Stichprobe bzw. eine definierte Bevölkerung
    - Sterberisiko verschiedener Erkrankungen ist unterschiedlich und gesellschaftsabhängig

    - Berechnung: Anzahl Verstorbener / Gesamtpopulation

proportionale Mortalitätsrate	Sterberate bezogen auf Einwohner *(in Prozent angegeben)*
krankheitsspezifische Mortalität	z.B. Mortalität durch Herzinfarkt, Krebs, Grippevirus, Lungenentzündung
altersspezifische Mortalität	z.B. das Erkranken an Influenza nach Alter (ältere Menschen erkranken leichter)

4. **Letalität:**
    - gibt die Sterberate innerhalb einer Gruppe von Erkrankten an

    - Berechnung:

$$\frac{\text{Anzahl Verstorbener (durch bestimmte Krankheit)}}{\text{Gesamtzahl der Erkrankten (durch bestimmte Krankheit)}}$$

6.2.3 Risiken

Ziel epidemiologischer Studien:

- Zusammenhänge zwischen dem Auftreten einer Erkrankung und bestimmter Expositionsfaktoren bestimmen

Mittel epidemiologischer Studien:

- Berechnung von (...)
  - Erkrankungsrisiken und
  - Chancenverhältnissen

1. **absolutes Risiko**
   - absolutes Risiko, eine bestimmte Krankheit zu bekommen
     = Inzidenzrate (Neuerkrankungen / 10 Jahre)

2. **relatives Risiko**
   - Verhältnis der Inzidenzrate mit Exposition *(absolutes Risiko)* und Inzidenzrate ohne Exposition

     a) **relatives Risiko = 1**
     - die Inzidenzrate von exponierten und nicht exponierten Personen sind gleich
     - d.h. die Expositionsfaktoren spielen keine Rolle (oder Studiendesign hat keine Aussagekraft)

     b) **relatives Risiko > 1**
     - die Inzidenzrate der exponierten Gruppe > als Inzidenzrate bei nicht exponierter Gruppe
     - Expositionsfaktor erhöht das Erkrankungsrisiko

     c) **relatives Risiko < 1**
     - Inzidenzrate der exponierten Personen < als Inzidenzrate bei nicht exponierten Gruppe
     - Expositionsfaktor schützt vor Erkrankung

3. **Attributales Risiko**
   - Teil des Risikos, der **nur auf die Exposition zurückzuführen** ist
   - Erkrankungen sind auf mehrere Risiken zurückzuführen
     = Hintergrundrisiken
   - Hintergrundrisiken + Expositionsrisiken = **Gesamtrisiko**

- **Beispiel:**
  - Untersuchung über Zusammenhang zwischen Herzinfarkt und Rauchen?
  - Untersuchungsumfang: 10,000 Personen

Erkrankung	Anzahl der Raucher	Anzahl der Nichtraucher
Anzahl der Personen mit Herzinfarkt	130	70
Anzahl der Personen ohne Herzinfarkt	1870	7930

- **Berechnung des attributalen Risiko:**

  Raucher - Nichtraucher:

  $(130 / (130 + 1870)) - (70 / (70 + 7930)) = 0{,}056 \approx 5{,}6\ \%$

  → es besteht ein Risiko von 5,6 % an einem Herzinfarkt zu erkranken, wenn man raucht

4. Odds

- Auskunft über die **Chance** aufgrund eines Risikos zu erkranken
- Odds = (a/b)

- <u>Beispiel</u>:
  30 Personen von 100 Menschen bekommen einmal im Monat Kopfschmerzen
  - Wahrscheinlichkeit mit Kopfschmerzen = 30 %;
  - Wahrscheinlichkeit ohne Kopfschmerzen = 70 %
  - Odds Kopfschmerzen zu bekommen: **30/70 = 0,42 = 43 %**

- **Unterschied zum absolutem Risiko:**
  - Anteil der Betroffenen bezieht sich auf die Gesamtzahl,
  - das absolute Risiko wären 30 von 100 = 0,3 = 30 %

5. Odds-Ratio

- Verhältnis (Vergleich) der Odds zweier Gruppen
- <u>Vorkommen</u>: v.a. in Fall-Kontrollstudien und in Kohortenstudien
- <u>Ziel:</u>
  Auskunft über den Zusammenhang zwischen Exposition und Krankheit, da Inzidenz der jeweiligen Vergleichsgruppe unbekannt ist

<u>Chancenverhältnis</u>

- **= 1**: kein Unterschied in der Chancenverteilung zwischen d. beiden Gruppen
- **> 1**: die Chancen in der ersten Gruppe sind größer
- **< 1**: die Chancen in der ersten Gruppe sind kleiner

<u>Beispiel:</u>

- 5 von 100 Personen bekommen in Stadt A 1x im Monat Kopfschmerzen
- 15 von 100 Personen bekommen in Stadt B 1x im Monat Kopfschmerzen
- Odds (Stadt A): 5 / 95 = 0,05 = 5 %; Odds (Stadt B): 15 / 85 = 0,17 = 17 %
- Odds Ratio: 5/17 = 0,29 = 29 %
  = Wahrscheinlichkeit Kopfschmerzen zu bekommen, ist in Stadt B um 29 % höher als in Stadt A

Kreuztabelle für das Errechnen der Odds Ratio:

	Risikofaktor	Risikofaktor	Total
	ja	nein	
krank	a	b	a + b
gesund	c	d	c + d
	a + c	b + d	a + b + c + d

Beispiel: Bekommen Personen häufiger Kopfschmerzen, weil sie regelmäßig Schadstoffen ausgesetzt sind ?

	Risikofaktor	Risikofaktor	Total
	ja	nein	
Kopfschmerzen	20	10	30
keine Kopfschmerzen	10	60	70
	30	70	100

Odds-Ratio: (a/b) / (c/d) = (20/10) / (10/60) = 12,5

→ das Risiko Kopfschmerzen zu bekommen, ist bei Schadstoffexposition um 12,5 % höher

Beispielaufgabe für alle Risiken

	östrogenhaltiges Medikament	kein östrogenhaltiges Medikament	Total
Frau mit Uteruskarzinom	15	10	25
Frau ohne Uteruskarzinom	10	10	20
	25	20	45

<u>Berechnen und interpretieren Sie die Risiken bzw. Chancen folgender Fälle:</u>

a) absolutes, relatives und attributales Risiko

b) Odds und Odds Ration

6.2 quantitative Studiendesigns

6.3.1 Überblick der quantitativen Studiendesigns

Kriterium	quantitative Forschung
Grundorientierung	Naturwissenschaft
Verständnis	Existenz einer objektiv messbaren Wirklichkeit
Ziel	Gesetzmäßigkeiten entdecken, allgemeingültige Aussagen treffen
Forschungslogik	deduktiv, d.h. theorieprüfend
Datenerhebung	standardisierte Messmethoden
Stichprobe	oft über Zufallsstichprobe, große Anzahl an Teilnehmern

A. Beobachtungsstudien

1. deskriptive Studien
   - Querschnittstudien
   - Korrelationsstudien

2. analytische Studien
   - Fall-Kontrollstudien
   - Kohortenstudien

B. experimentelle Studien

3. randomisiert-kontrollierte Studien (Gold-Standard)

4. Interventionsstudien

6.3.2 Querschnittstudie

1. Ablauf einer Querschnittstudie

- Exposition: Variable (Einflussfaktor), welche untersucht wird
- Erhebung von Exposition und Erkrankung einer Studienpopulation zu einem bestimmten Zeitpunkt
- Erfassung der Punktprävalenz exponierter und nicht exponierter Studienteilnehmer
- Zufallsstichproben einer empirischen Untersuchung (Befragung)

- Vorteil:
  - große Fallzahlen
  - geringer zeitlicher und finanzieller Aufwand
  - gültige Fakten
  - Daten für dringende und kurzfristige Fälle

Studienpopulation

A. Exposition
  - krank
  - gesund

B. keine Exposition
  - krank
  - gesund

6.3.3 Kohortenstudie

2. Ablauf einer Kohortenstudie

- Kohorte: untersuchte Gruppe
- prospektive Untersuchung: Studie ist in die Zukunft gerichtet und ermittelt nicht an bereits vorhandenen Ereignissen
- Ablauf:
  Personen mit/ohne Exposition werden über einen definierten Zeitraum (Follow-up) bezüglich des Auftretens eines Outcomes beobachtet
- da die Inzidenz (Neuerkrankungsrate) der beiden Vergleichsgruppen bekannt ist, können Risiken abgeschätzt und berechnet werden
- Ziel:
  Untersuchung, ob eine Personen mit bestimmter Exposition häufiger oder weniger erkrankt als ohne die Exposition
- Nachteil:
  - Kohortenstudien sind sehr aufwendig und zeitintensiv
  - Probandengruppen müssen sehr groß sein, damit sie repräsentativ sind
  - Größe ist v.a. schwierig bei seltenen Erkrankungen

Studienpopulation

A. mit Exposition
   - krank
   - gesund

B. ohne Exposition
   - krank
   - gesund

6.3.4 Fall-Kontroll-Studie

3. Ablauf einer Fall-Kontroll-Studie

- Untersuchung des Zusammenhanges zwischen Agens (schädigenden Faktor) und Erkrankung

- retrospektive Untersuchung:
  Ermittlung der Anzahl an erkrankten Personen („Fälle") und nicht erkrankten Personen („Kontrolle")

- Ablauf:
  - Beobachtung auf Vorhandensein von Expositionsfaktoren
  - kann der schädigende Agens mit der Erkrankung in Verbindung gebracht werden, so ist der Anteil der Exponierten im Kollektiv der Fälle höher als bei den Kontrollen
  - wichtig ist v.a. die Vergleichbarkeit und Zusammensetzung der beiden Studiengruppen

- Nachteil:
  - sehr störanfällig (schlechte Erinnerung) aufgrund retrospektiver Befragung
  - keine Berechnung von Inzidenz und relativem Risiko möglich

Studienpopulation

A. Fälle (Erkrankte)
   - exponiert
   - nicht exponiert

B. Kontrolle (Nicht Erkrankte)
   - exponiert
   - nicht exponiert

6.3.5 randomisiert-kontrollierte Studie

Ablauf einer randomisiert-kontrollierten Studie

- randomisierte (zufällige) Zuordnung der Teilnehmer entweder zur Interventionsgruppe oder Kontrollgruppe

- Störfaktoren:
  - Versuchsleiterfehler (Rosenthal-Effekt):
    Der Versuchsleiter beeinflusst das Experiment selbst durch seine Erwartungen. So würde er etwa das Experiment mit positiverem Ergebnis bewerten, wenn er an die Wirkung seines Medikaments glaubt bzw. auf einen positiven Effekt hofft
  - Versuchspersonenfehler (Hawthorne-Effekt):
    Versuchspersonen verhalten sich anders, wenn sie wissen, dass sie an einem Experiment teilnehmen. Bei der Beantwortung von Fragen in einem Fragebogen beobachtet man bei den Probanden die sog. Tendenz zur sozialen Erwünschtheit, d.h. die Probanden antworten eher sozialer als sie es in der Realität täten würden

- Lösung: Doppelverblindung

Verblindung (Verstärkung der Wirkung des Verums bzw. Placebos)

A. einfach verblindet
   nur die Probanden wissen nicht, ob sie Verum oder Placebo bekommen

B. doppelt verblindet
   weder Probanden noch der Versuchsleiter wissen nicht, wer das Verum oder Placebo bekommt

C. dreifach verblindet
   weder Proband, Versuchsleiter noch auswertende Personen wissen nicht, wer das Verum bzw. Placebo bekommt; lediglich der Auftraggeber

Studiendesign läuft kontrolliert ab, da (...)

- eine Interventions- und eine Kontrollgruppe vorliegt
- die Interventionsgruppe das Verum bekommt
- die Kontrollgruppe ein Standardpräparat oder Placebo (Kontrolle des Verums) bekommt

die Zuordnung der Studiengruppen läuft randomisiert ab, da (...)

- die Stichproben die Gesamtpopulation repräsentieren sollen
- Folge: weitgehend äquivalente Verteilung der Merkmale auf die Gruppen

Vorteil:

- geeignet für psychologische oder medizinische Wirksamkeitsstudien von Pharmaka
- „Goldstandard“ unter den Untersuchungsmethoden, da zahlreiche Störfaktoren weitestgehend ausgeschlossen werden
- sie erfüllen alle Gütekriterien optimal

Studienpopulation

A. Interventionsgruppe (exponiert)
  - messbarer Effekt
  - kein messbarer Effekt

B. Kontrollgruppe (nicht exponiert)
  - messbarer Effekt
  - kein messbarer Effekt

4. vergleichende Zusammenfassung

	Studienpopulation Auswahlkriterien	Datenerhebung	Kennwerte
Kohorten-studie	große Studienpopulation von exponierten und nicht exponierten Gruppe	prospektive Untersuchung in einem Zeitraum	• Inzidenz • relatives Risiko
Fall-Kontroll-Studie	ausgewählte Kranke (Fälle) und Gesunde (Kontrolle)	retrospektive Untersuchung über einen Zeitraum	• Prävalenz • Odds-Ratio
Querschnitts-studie	repräsentative Stichprobe entspricht der Zufalls-stichprobe aus der Zielgruppe	Stichzeitraum (kurzer Zeitraum) bzw. Stichtermin	• Punktprävalenz
RCT	Stichprobe mit bekannter Erkrankung	Datenerhebung zu einem Stichtermin oder prospektiv	• Prävalenz • Inzidenz • Risiko

6.4 Demografie

6.4.1 Themenfelder

Demographie

- gr. demos = Volk; graphe = Beschreibung
- Demographie beschreibt die Bevölkerungsstrukturen und gibt Prognosen künftiger Bevölkerungsverteilungen
- sie ist eine sehr junge Wissenschaft (seit 1850; zuvor durch Kirche und Steuerbücher erfasst)

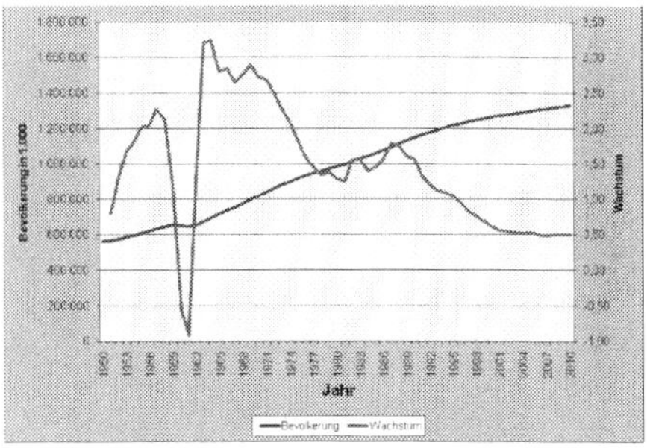

- Bevölkerungsanalyse:
  - Größe
  - Zusammensetzung
  - Verteilung
  - Dichte
  - Bewegung
  - Entwicklung einer Bevölkerung

- Grundlage:
  statistische Erhebungen (z.B. mittels Stichproben, Volkszählungen) von (…)
  - Sterberate und Geburtenrate
    (= natürliches Bevölkerungswachstum)
  - Bevölkerungswanderung
  - Binnenwanderung
  - Außenmigration
  - Altersstruktur

wichtige Kenngrößen der Demographie sind (…)

- Geburtenrate (Natalität und Fertilität)
- Sterberate (Mortalität)
- Migration

Phänomene der demographischen Entwicklung

- Singularisierung (Einpersonenhaushalte)
- weitere Feminisierung des Alters
- Individualisierung
- Zunahme der Lebenserwartung (Entwicklung zu einer alters-egalitären Gesellschaft)
- Zunahme der Rentnerkurorte
- Entberuflichung des Lebenslaufes

Sozialstruktur
entspricht der Einteilungsmöglichkeit einer Gesellschaft nach sozialen Merkmalen z.B. Geschlecht, Alter, Familienstand, Nationalität, Religionszugehörigkeit, Bildung, Beruf, Einkommen, Gesundheit

demographische Veränderungen und Phänomene

- die demographische Entwicklung wird dabei von folgenden drei Faktoren beeinflusst:
  1. der Fertilität oder Geburtenrate
  2. der Lebenserwartung
  3. dem Wanderungssaldo (Differenz von Ein- und Auswanderungen eines Landes)

- **Überbevölkerung**
  - unmittelbare Folge einer exzessiven Migration in bestimmte Regionen
  - massive Bevölkerungswachstum (z.B. hohe Geburtenrate)
    → Anzahl der Lebewesen überschreitet Tragfähigkeit ihres Lebensraums

- **Altersaufbau der Bevölkerung**
  - Geburtenrate: 1,4 Kinder pro Frau in Deutschland
  - erhöhte Emigration jugendlicher Staatsbürger
  - Folgen:
    → Bevölkerung wird durchschnittlich älter
    → Immobilienpreise und Wirtschaftskraft sinken
    → Gesundheitswesen muss sich auf den Anstieg Pflegebedürftiger vorbereiten
    → Altersvorsorge: gesetzliche Rentenversicherung
    → Beitragszahler < Rentennehmer = geringerer Lebensstandard

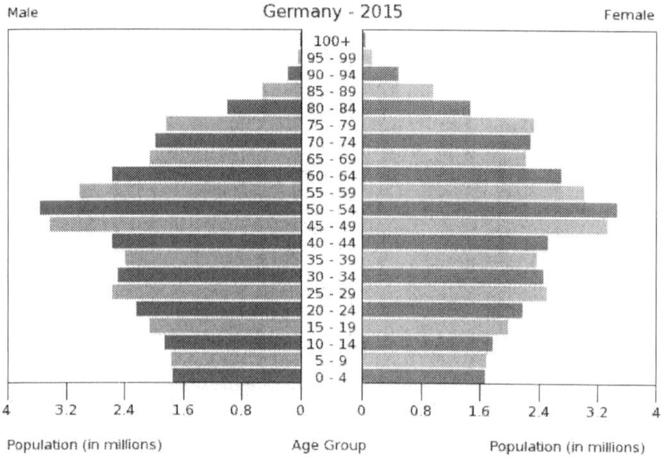

6.4.2 <u>Geburtenrate</u>

- Definition:
  Anzahl der Kinder, die Frauen einer bestimmten Kohorte zur Welt gebracht haben

- Faktoren:
  - finanzielle Situation, Karriereorientierung
  - soziale Umweltfaktoren (z.B. Krieg, Kinder als soziale Absicherung)
  - politische Rahmenbedingungen
  - Aufklärung (Verhütung)
  - Bildungsstandard

  → Folge: degenerative Geburtenrate

Lösungsansätze zur Steigerung der Geburtenrate

- flexiblere Arbeitszeiten zur Kinderbetreuung
- Plätze in Kindertagesstätten bereitstellen
- Eltern-Kind-Zimmer im Betrieb
- Jobsharing (Teilzeitarbeit)
- Arbeitsunterbrechung bei Krankheit der Kinder
- Teearbeit (Home Office)

6.4.3 Sterberate

die Lebenserwartung der Deutschen hat sich in den letzten 120 Jahren mehr als verdoppelt

Gründe gibt es für die zunehmende Lebenserwartung:

- bessere medizinische Versorgung:
  - Prophylaxe (Schutzimpfungen, vielfältigere Ernährung, Hygiene, Aufklärung)
  - (Gesundheits-) wissenschaftliche Forschung
  - deutsches Gesundheitssystem (Sozialstaatsprinzip)
  - lange Friedenszeit
  - bessere Lebensstandard mit besseren Arbeitsbedingungen
  - bessere Seuchenprävention

→ das gestiegene Durchschnittsalter hat Folgen, v.a. für die soziale Absicherung des Einzelnen und der älteren Menschen

Anteil an Berufstätigen im Vergleich zu Anteil der Rentner

	Berufstätige 20 bis 60 Jahre	Rentner
1871	47 %	8 %
1970	50 %	19 %
2010	ca. 55 %	ca. 28 %

Folgen

- weniger Arbeitnehmer müssen für mehr Rentenempfänger aufkommen
- BSP ist schwieriger zu erwirtschaften und aufrechtzuerhalten
- mehr Pflegepersonen müssen ausgebildet werden (wirtschaftliche Einbuße)
- Gesundheitssystem wird zusammenbrechen, da Beitrage ausbleiben
- höhere Belastung der Arbeitnehmer (Stress, Burn-Out)

Lösungsvorschläge für die Rentenzahlung

- Migration (junger Leute) und
- Geburtenförderung

6.4.4 Migration

die Bevölkerungsstruktur eines Landes wird ebenfalls von der Migration beeinflusst:

- Berechnung: Wanderungssaldo = Zuwanderung - Abwanderung
- Deutschland mit seiner sinkenden Erwerbstätigenzahl besonders auf Zuwanderung aus dem Ausland angewiesen
- als 1964 die Antibabypille auf den Markt kam, sank die Geburtenrate schlagartig von 2 Kinder/Frau auf 1,4 Kinder/Frau und ist auch so geblieben
- wenn die geburtenstarken Jahrgänge der 50-iger und 60-iger Jahre in Rente gehen, werden mehr Menschen in Rente gehen als in den Beruf einsteigen

Gründe für Migration

Früher

- Defizite an Arbeitskräften in Deutschland
- besserer Lebensstandard und Infrastruktur

Heute

Push-Faktoren	Pull-Faktoren
• religiöse und politische Verfolgung • Krieg • Naturkatastrophen • Epidemien • Armut, Arbeitslosigkeit	• gute Bildung und ausgebaute Infrastruktur • bessere Chance auf dem Arbeitsmarkt • bessere Seuchenprävention (Hygienestandards) • guter BIP bzw. BSP (soziale Absicherung)

Immigration

früher	heute
• zeitlich begrenzter Aufenthalt (vgl. „Gastarbeiter) • große soziale Isolation • keine Integrationsmaßnahmen	• Ausgleich des Geburtenrückgangs bzw. Altersstruktur • Integration zur Belebung der Wirtschaft mit großen Investitionskosten • dauerhafte Integration und Aufenthalt • prospektive Investition in Integration zur Erhaltung des BIP bzw. BSP

6.4.5 demographischer Wandel

demographischer Wandel die Veränderung der Zusammensetzung der Altersstruktur einer Gesellschaft

Phasen des demographischen Wandels

1. Phase: prätransformativ
   - Agrarbevölkerung mit hoher Geburten- und Sterberate
   - geringe Lebenserwartung (Seuchen, Hungersnöte, Kriege)
   → geringes Bevölkerungswachstum

2. Phase: frühtransformativ
   - frühindustrielle Bevölkerung
   - Sterberate sinkt, Geburtenrate bleibt auf gleichem Niveau
   - ausreichende bzw. bessere Ernährung
   - medizinische Fortschritte
   → Bevölkerungszahl nimmt zu

3. Phase: mitteltransformativ
   - wirtschaftlicher Aufschwung des Landes
   - regeneratives Verhalten ändert sich (Umdenken)
   - flächendeckende medizinische Versorgung
   - Sterberate fällt weiter
   - Geburtenrate sinkt (Empfängnisverhütung)
   - zunehmende Verstädterung
   - verändertes Konsumverhalten
   → Bevölkerungswachstum erreicht sein Optimum

4. Phase: spättransformativ
   - stagnierende Sterberate
   - sinkende Geburtenrate
     - Verstädterung
     - Dienstleistungsgesellschaft; Kinder als Kostenfaktor
     - staatliche Maßnahmen
     - Verbesserung des Bildungsstandes
     → Bevölkerungswachstum verringert sich

5. Phase: posttransformativ
   - Geburten- und Sterberate sind stabil auf einem niedrigen Niveau
   → konstantes Bevölkerungswachstum

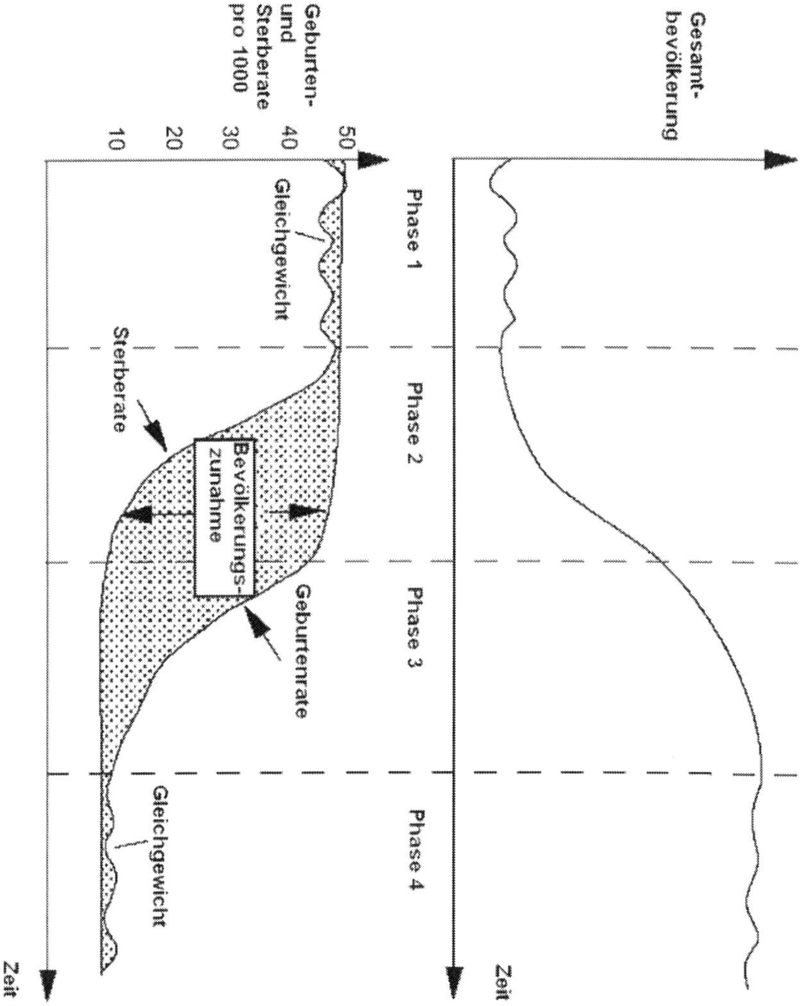
Gesamt-
bevölkerung
Zeit
Geburten-
und
Sterberate
pro 1000
50
40
30
20
10
Phase 1
Phase 2
Phase 3
Phase 4
Gleichgewicht
Sterberate
Bevölkerungs-
zunahme
Geburtenrate
Gleichgewicht
Zeit

Danksagung

Ich danke Ihnen herzlich für den Kauf dieses Buches und hoffe sehr, dass Sie daraus für sich einen hohen Mehrwert entnehmen konnten. Haben Sie positive oder negative Anmerkungen, Kritik, Fehler im Werk oder sonstige Rückfragen, können Sie mich jederzeit erreichen unter: kritik.an.fischer@gmail.com , sodass die Qualität dieser Zusammenschrift weiterhin gesteigert werden kann. Hierbei bedanke ich mich für alle Rückmeldungen, die ich bisher erhalten habe.

Zudem bedanke ich mich für sämtliches Bildmaterial, welches mir von https://pixabay.com und https://www.pexels.com bereitgestellt wurde. Dadurch werden die Erklärungen noch eindrücklicher dargestellt.

weitere Empfehlungen des Autors

Abitur-Training GuP: originalgetreue Abituraufgaben der Jahrgangsstufe 2

– exklusiv auf Amazon erhältlich

Abitur-Training GuP: originalgetreue Abituraufgaben der Jahrgangsstufe 1

– exklusiv auf Amazon erhältlich

Abitur-Training Biologie: originalgetreue Abituraufgaben zur Prüfungsvorbereitung

– exklusiv auf Amazon erhältlich

Gesundheit und Pflege Jahrgangsstufe 1:
Erfolg in der Abiturvorbereitung

– exklusiv auf Amazon erhältlich

Gesundheit und Pflege Jahrgangsstufe 2:
Erfolg in der Abiturvorbereitung

– exklusiv auf Amazon erhältlich

Abitur Biologie:
kompaktes Oberstufenwissen mit Prüfungsfragen zur Abiturvorbereitung

– exklusiv auf Amazon erhältlich

Abitur Wirtschaft: kompaktes Oberstufenwissen mit Prüfungsfragen zur Abiturvorbereitung

– exklusiv auf Amazon erhältlich

Abitur Geschichte mit Gemeinschafts-kunde: kompaktes Oberstufenwissen mit Prüfungsfragen zur Abiturvorbereitung

– exklusiv auf Amazon erhältlich

Abitur Sport: kompaktes Oberstufenwissen mit Prüfungsfragen zur Abiturvorbereitung

– exklusiv auf Amazon erhältlich

Abitur Deutsch:
kompaktes Oberstufenwissen zur Abiturvorbereitung

– exklusiv auf Amazon erhältlich

Abitur-Training Deutsch:
originalgetreue Abituraufgaben zur Prüfungsvorbereitung

– exklusiv auf Amazon erhältlich

Abitur Chemie:
kompaktes Oberstufenwissen mit Prüfungsfragen zur Abiturvorbereitung

– exklusiv auf Amazon erhältlich

Abitur Ernährung mit Chemie: kompaktes Oberstufenwissen der Jahrgangsstufe 1

– exklusiv auf Amazon erhältlich

Abitur Ernährung mit Chemie: kompaktes Oberstufenwissen der Jahrgangsstufe 2

– exklusiv auf Amazon erhältlich

Abitur Physik: kompaktes Oberstufenwissen zur Abiturvorbereitung

– exklusiv auf Amazon erhältlich

Abitur Ethik: kompaktes Oberstufenwissen zur Abiturvorbereitung

– exklusiv auf Amazon erhältlich

Abitur-Training Ethik: originalgetreue Abituraufgaben zur Prüfungsvorbereitung

– exklusiv auf Amazon erhältlich

Abitur Psychologie: kompaktes Oberstufenwissen zur Abiturvorbereitung

– exklusiv auf Amazon erhältlich

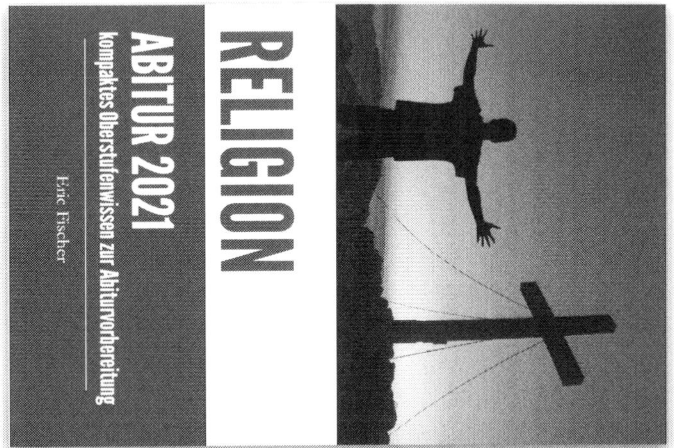

Abitur Religion:
kompaktes Oberstufenwissen mit Prüfungsfragen zur Abiturvorbereitung

- exklusiv auf Amazon erhältlich

Abitur-Training Religion:
originalgetreue Abituraufgaben zur Prüfungsvorbereitung

- exklusiv auf Amazon erhältlich

Abitur Pädagogik und Psychologie: kompaktes Oberstufenwissen der Jahrgangsstufe 1

– exklusiv auf Amazon erhältlich

Abitur Pädagogik und Psychologie: kompaktes Oberstufenwissen der Jahrgangsstufe 2

– exklusiv auf Amazon erhältlich

Abitur-Training Pädagogik und Psychologie: originalgetreue Abituraufgaben der Oberstufe

– exklusiv auf Amazon erhältlich

Abitur Englisch: kompaktes Oberstufenwissen zur Abiturvorbereitung

– exklusiv auf Amazon erhältlich

Abitur-Training Englisch: originalgetreue Abituraufgaben zur Prüfungsvorbereitung

– exklusiv auf Amazon erhältlich

Abitur Global Studies: kompaktes Oberstufenwissen zur Abiturvorbereitung

– exklusiv auf Amazon erhältlich

Notizen

Printed in Poland
by Amazon Fulfillment
Poland Sp. z o.o., Wrocław

72142053R00078